COM O CÉREBRO NA MÃO

OS LIVROS DO OBSERVATÓRIO

O Observatório Itaú Cultural dedica-se ao estudo e à divulgação dos temas de política cultural, hoje um domínio central das políticas públicas. Consumo cultural, práticas culturais, economia da cultura, cultura e educação, gestão da cultura, cultura e cidade, direitos culturais: tópicos como esses impõem-se cada vez mais à atenção de pesquisadores e gestores do setor público e privado. OS LIVROS DO OBSERVATÓRIO formam uma coleção voltada para a reflexão sobre as tendências atuais da política cultural mundial, em chave comparada, e a investigação da cultura contemporânea em seus diversos modos e dinâmicas. Num mundo em que as inovações tecnológicas reelaboram com crescente rapidez o sentido não só da cultura como do que se deve entender por ser humano, a investigação aberta sobre os conceitos e usos da cultura é a condição necessária para a formulação de políticas públicas de fato capazes de contribuir para o desenvolvimento humano.

COM O CÉREBRO NA MÃO
NO SÉCULO QUE GOSTA DE SI MESMO

Teixeira Coelho

Realização

Coleção *Os Livros do Observatório*
dirigida por Teixeira Coelho

Publicado por Itaú Cultural e Editora Iluminuras
Copyright © 2015

Projeto gráfico
Eder Cardoso | Iluminuras

Capa
Michaella Pivetti
sobre foto Oficial da Casa Branca (EUA) de
Pete Souza, Winkimedia Commons ⓔ

Produção Editorial
Andréia Briene e Luciana Modé | Itaú Cultural
Renata Nascimento | Iluminuras

Revisão
Jane Pessoa

Equipe Itaú Cultural
Presidente
Milú Villela

Diretor
Eduardo Saron

Superintendente administrativo
Sérgio Miyazaki

Núcleo de Inovação/Observatório
Gerente
Marcos Cuzziol

Coordenador do Observatório
Luciana Modé

Produção
Andréia Briene

CIP-BRASIL. CATALOGAÇÃO-NA-FONTE
SINDICATO NACIONAL DOS EDITORES DE LIVROS, RJ

C621c
    Coelho, Teixeira
        Com o cérebro na mão : no século que gosta de si mesmo / Teixeira
Coelho. - 1. ed. - São Paulo : Itaú Cultural : Iluminuras, 2015
        80 p. ; 23 cm.

      ISBN: 978-85-7321-482-6 (Iluminuras)
      ISBN: 978-85-7979-073-7 (Itaú Cultural)

     1. Política Cultural 2. Cultura 3. Tecnologia I. Título.

15-24836   CDD: 306.2
                    CDU: 316.74:32

2015
EDITORA ILUMINURAS LTDA.
Rua Inácio Pereira da Rocha, 389 - 05432-011 - São Paulo - SP - Brasil
Tel./Fax: 55 11 3031-6161
iluminuras@iluminuras.com.br
www.iluminuras.com.br

ÍNDICE

UM PONTO DE PARTIDA E UMA PERSPECTIVA, 9

O NOVO SISTEMA DE PRODUÇÃO CULTURAL, 17

UMA OUTRA FRAGMENTAÇÃO: DA PERCEPÇÃO E DO MUNDO, 29

O USO E O CONSUMO VISTOS PELA TECNOLOGIA DE PONTA, LITERALMENTE, 31

O *ENTERTAINMENT* VOLTA À CENA... PARA FICAR, 35

O FIM DO (BREVE) SONO DO IRRACIONAL, 43

UM CÉREBRO NA MÃO E UMA CONEXÃO AUSENTE, 51

ANEXOS

ANEXO 1

A HUMANIDADE PREPARA-SE PARA SOBREVIVER À CIVILIZAÇÃO (WALTER BENJAMIN), PARTE I, 63

ANEXO 2

A HUMANIDADE PREPARA-SE PARA SOBREVIVER À CIVILIZAÇÃO (WALTER BENJAMIN), PARTE II, 69

ANEXO 3

A HUMANIDADE PREPARA-SE PARA SOBREVIVER À CIVILIZAÇÃO (WALTER BENJAMIN), PARTE III, 71

ANEXO 4

CONCEITOS ESTRUTURADORES DESTE TEXTO, 73

UM PONTO DE PARTIDA E UMA PERSPECTIVA[1]

Como explicar um smartphone a um viajante do tempo que chegue a nós vindo do passado? Não é necessário que venha de um passado demasiado remoto, basta que tenha iniciado sua viagem até nós vindo do período heroico do impressionismo, início na década de 70 do século 19 — para usar como marco cronológico essa parceira privilegiada da ciência que é a arte —, quando a Revolução Industrial já tinha exercido boa parte de seus efeitos. A máquina a vapor, que permitiu o grande salto da revolução industrial, é uma invenção aprimorada a partir do século 18 como primeira fonte de energia mecânica dominada pelo homem. Seu pleno desenvolvimento levou à versão da locomotiva *sobre trilhos* (e friso esse trecho porque a invenção dos trilhos é tão importante quanto a da locomotiva em si) cuja viagem inaugural aconteceu em fevereiro de 1804 puxando cinco vagões com dez toneladas de carga e setenta passageiros à velocidade de 8 km/hora, quase 50% maior que a velocidade de uma pessoa andando em marcha normal, um espanto que começou a acostumar o homem com as promessas da velocidade. O ano de 1827, quando J. M. W. Turner já iniciara o movimento que consagrou Monet quase meio

---

[1] Texto preparado por ocasião da concessão, ao autor, do título de professor emérito da Escola de Comunicações e Artes da Universidade de São Paulo em setembro de 2015. Uma primeira versão, reduzida, foi apresentada no colóquio "Desafios culturais do século 21" organizado pelo Consello da Cultura Galega em Santiago de Compostela, Espanha, junho de 2015, o que explica a existência de algumas notas de rodapé pensadas para o leitor estrangeiro.

século depois,[2] viu o surgimento da *fotografia*, a grafia da luz, a escrita da luz, doze anos depois aprimorada por Daguerre: a fotografia, máquina da memória, ela também uma máquina de viajar no tempo. Em 1876 Graham Bell conseguiu uma patente para o primeiro aparelho telefônico capaz de veicular à distância uma reprodução compreensível da voz humana, num instrumento (ou máquina, como escrevia o modernista brasileiro Mário de Andrade: a máquina-telefone) cujo significado maior — cuja *mensagem* primeira, para fazer aqui um tributo a um pensador subestimado, Marshall McLuhan —, é a mesma superação das distâncias físicas e temporais a que deu início a locomotiva a vapor. E também a lâmpada com luz incandescente vem desde o início do século 19, bem antes que Edison, na década de 70 do Oitocentos, propusesse seu modelo vencedor que permitiu à humanidade controlar, se não a natureza, pelo menos seus efeitos e suas sombras: a partir de então a noite total só sobreviria quando o homem quisesse.

Um viajante do tempo que viesse a nós a partir de algum momento da década de 70 do século 19 já estaria, portanto, largamente acostumado a uma série de indícios e conquistas da modernidade. Mesmo assim, como explicar um smartphone a um viajante do tempo que venha desse passado tão próximo, se não de outro?

Não precisamos ir tão longe: qual a possibilidade de explicarmos com sucesso um smartphone a uma parcela considerável, largamente majoritária, das pessoas vivas no ano de 2015 do século 21, entre os quais nos incluímos *nós mesmos* ou a maior parte de *nós*?

Retiro essa questão de um exercício proposto por Alan Alda a cientistas e especialistas variados que precisam comunicar-se com um público mais amplo. Alan Alda,[3] aquele ator de *M*A*S*H**, o filme contradiscurso de Robert

---

[2] E o consagrou sem dúvida porque sua proposta estética veio acompanhada por um *nome* próprio, o Impressionismo, mesmo se de início a ele se atribuísse uma carga negativa.

[3] É significativo, e não posso correr o risco de deixar este fato passar despercebido, que não inicio este texto invocando um filósofo, algum economista, muito menos um sociólogo, nem mesmo um antropólogo, nem sequer um psicólogo e menos ainda um moralista ou um cientista político. Invoco um ator, quer dizer, um homem da arte, e um entusiasta da comunicação: creio que assim fazendo reconheço a ascendência do presente, do meu tempo e de suas marcas próprias, como quis

Altman, 1970, que vários de nós vimos e do qual não nos esquecemos. Alan Alda fundou há algum tempo seu Alan Alda Center for Communicating Science e desde então tem organizado palestras e "clínicas" para desenvolver nos cientistas a capacidade de explicar as coisas da vida e do mundo a públicos mais amplos. (Como seria o mundo se os cientistas de fato conseguissem fazê-lo?) E um dos exercícios que propôs a um grupo de cientistas foi "explicar a um viajante do tempo, oriundo do passado, o que é um smartphone". Sei que ele propôs esse exercício, não desconheço o resultado e as soluções encontradas para a explicação — se alguma foi possível...

E por que um smartphone? Talvez porque não exista, pelo *acúmulo cultural*[4] que nele existe, outro exemplo mais eloquente da tecnologia definidora deste tempo. O smartphone é o segundo cérebro do homem no século 21 ou do século 21, um segundo cérebro que esse homem carrega na mão — não mais no bolso ou na sacola, como na pré-história do telefone celular, mas na mão: pode precisar dele, *podemos* precisar dele quando menos esperamos, é preciso sempre, literalmente, *tê-lo à mão*, 24 horas por dia, sete dias por semana, algo nunca antes registrado na história da tecnologia humana. A imagem do cérebro na mão nos remete aos Oods da série *Doctor Who*, como recorda *The Economist* numa matéria sobre tecnologia,[5] os Oods, esses seres mudos, quase sempre inofensivos, que a Humanidade escraviza. A evolução dotou-os com dois cérebros, um dos quais carregam na mão. Embora meu segundo cérebro esteja sempre no bolso de minha calça, não raro junto a minha virilha (talvez Freud explique), tenho amigos que o mantêm de fato sempre à mão e que não dão um passo sem consultá-lo. Um deles é incapaz de pôr em movimento seu carro sem indagar do computador sobre o caminho a seguir, por mais que ele já tenha ido inúmeras vezes ao mesmo lugar: a desculpa é que está consultando o Waze para saber qual o caminho mais rápido *naquele momento*. Não posso deixar de pensar que não é esse o motivo, de fato. Eu diria, com meu cérebro modelo século 20, ou 2.0, esse que está sobre meus ombros, que esse

---

Baudelaire e como, hoje, parece querer, por exemplo, o papa Francisco. (A menção ao papa não é gratuita, como se verá adiante.)
4 Cf., ao final, o Anexo 4 com uma breve relação e exploração dos conceitos utilizados neste texto.
5 Número datado de 28 Fev./6 Mar. 2015, p. 19.

meu amigo tornou-se um *junkie*, um drogado do smartphone uma vez que não o desliga nunca e verifica *na hora* todo e qualquer sinal que indique nova mensagem chegando, seja o que for que estiver fazendo, seja com quem for que estiver conversando ao vivo no momento. Se para responder a essa questão eu usar apenas meu cérebro 3.0, esse que tenho na mão, eu apenas reconheceria que o smartphone de meu amigo é seu segundo cérebro e que ele *precisa desse cérebro portátil* como do ar que respira, ponto final. Dois bilhões de pessoas carregam hoje seu segundo cérebro na mão, com conexão à internet e touchscreen (nem irei mais escrever essa palavra e outras do gênero em itálico, tão comuns elas se tornaram em português, língua nova e toda aberta às influências de seu tempo). No final desta segunda década do século, serão 4 bilhões a usar aquele que é enfim o verdadeiro PC, o autêntico *personal computer*. Ao redor de 2020, 80% dos adultos do mundo usarão um smartphone como *global resource*, ou recurso de alcance global, por pelo menos duas horas ao dia (se adolescentes, pelo menos o dobro desse tempo). Os smartphones estão mudando o modo pelo qual as pessoas se relacionam entre si e com o mundo ao redor, o mundo da informação e da comunicação e o mundo das coisas (o mundo conectado com a porta de entrada da casa, o mundo do ar-condicionado ligado antes de entrar em casa, o mundo do carro conectado a tudo). O smartphone vê e ouve, sempre sabe onde está mesmo que *você* não saiba onde *você* está e tem as respostas a tudo, respostas que lhe pode dar ao vivo e de viva voz graças à neutra ou irônica Siri e seu peculiar senso de humor. O smartphone permitirá, é claro, que os serviços de inteligência dos países tecnologicamente bem servidos saibam o tempo todo onde você está, com quem e o que está fazendo. Os Oods não têm apenas dois cérebros, um no lugar habitual sobre os ombros e o outro no lugar hoje também habitual, isto é, na mão — e um terceiro, um cérebro planetário, compartilhado globalmente por todos. No passado, usei frequentemente o termo *inteligência global espontânea* para explicar a meus alunos de política cultural como e por que posso comprar, numa dada quarta-feira quando percebo que minha camisa está gasta demais, uma nova camisa na cor azul que espera por mim na loja da esquina e que começou a ser produzida dois ou três anos antes de eu querer comprá-la quando alguém na Ásia plantou o algodão que depois se transformaria nessa peça de roupa que eu compraria, feliz, dois ou três anos depois, a doze mil milhas de distância, como resultado de uma complexa operação baseada tanto em ciência quanto em tecnologia e intuição e que nenhum Estado planejador seria capaz de produzir. A diferença entre minha antiga *inteligência global* e o *cérebro planetário* é que este será consciente e buscado (já é). Aí está por que escolho o smartphone como um ponto de partida. Como nova tecnologia, mudará a cultura. Mesmo Marx reconhecia que a tecnologia muda a cultura...

O smartphone é, no entanto, *apenas um* dos componentes de uma vasta reforma da cultura humana iniciada nas cavernas, que não se interrompeu nunca e apenas se acelera. Ficando claro que o smartphone funciona aqui apenas como uma metáfora ou síntese do largo processo cultural que recobre, como explicar essa cultura, como pelo menos identificar os desafios que ela propõe? *Produto cultural, indústria cultural, indústria criativa, economia criativa, economia culturalmente criativa* são alguns dos rótulos sob os quais se acomodam as referências dessa nova cultura. Não há possibilidade de compendiar essa reforma e seus efeitos nem mesmo num catálogo ou em alguns volumes de catálogo que, além de não reunirem condições de serem de fato lidos no tempo útil de uma vida humana, estão condenadas repetidamente à quase imediata obsolescência. Assumirei perante esse fenômeno uma perspectiva pragmática que reconhece os limites de sua descrição e explicação, apesar dos esforços do ator transformado em *self-made* propagandista da ciência, Alan Alda. Essa perspectiva pragmática implica numa posição e numa expectativa diante da vida e do mundo. No século 18, o contradiscurso — em cuja tradição este texto gostaria de enquadrar-se, provavelmente por hábito — tinha como ponto de partida a ideia de que *humanidade* e *felicidade*, tal como se pode ler por exemplo em Montesquieu em seu *Ensaio sobre o gosto*, não precisariam ser entidades fadadas a não coincidirem num mesmo ponto futuro ou atual. O sociólogo Niklas Luhmann (1927-1998),[6] adepto da teoria dos sistemas, gostava de acreditar que o século 19 marcou-se pela procura da *solidariedade*, outro nome para a *fraternité* de 1789, sendo um indício dessa busca, entre

---

6 *El arte de la sociedad*, México, Herder, 2005 (Frankfurt am Main: Suhrkamp Verlag, 1995).

outros, interpreto eu embora ele não o tenha feito, o *Manifesto comunista* de 1848[7] e, talvez, a experiência das barricadas de Paris em 1871. O século 20 encontrou seu motor (político, se não ideológico) na busca da *vida equitativa*, algo distinto da *igualdade* do século 18 mas nem por isso mais factível. Luhmann terminou seu livro nos anos finais do século 20, que já lhe permitiam perceber estar o mundo longe de alcançar a felicidade, a solidariedade e a equitatividade; e isso o levou a admitir que havia nessas figuras e metas um "componente aparentemente utópico" cada vez mais evidente.[8] Niklas Luhmann não viveu para ver de perto no século 21, ver de bem perto, por vezes perto demais, os atentados terroristas de 11 de setembro de 2001 nos Estados Unidos, com seus mais de 3 mil mortos; e o de 11 de março de 2004 em Madri, com mais de 150 cadáveres; e os de 7 de janeiro de 2015 em Paris, tão fortemente simbólicos quanto os de 2001, contra o jornal e a equipe de redatores de *Charlie Hebdo*, sem contar as decapitações de reféns ocidentais pelas mãos de terroristas islâmicos que as emissoras de televisão se recusam a mostrar por pudor mas deixam entrever. Tivesse visto, Luhmann por certo eliminaria o advérbio "aparentemente" da expressão "aparentemente utópico"...

Se menciono esses *movimentos de fundo* do pensamento sobre a vida e o mundo em busca da felicidade, a que por vezes se dá o nome de filosofia, outras vezes de sociologia, é para lembrar que todos eles vieram acompanhados por uma *moral* — não por uma ética, que *vem de baixo*, mas de uma moral, que *vem de cima*; vieram acompanhados, em outras palavras, por um manual do *dever ser*, uma *cartilha do que fazer*. E que esses manuais e cartilhas resultaram, não raramente, em mais desastres do que aqueles

---

[7] Escrevo estas palavras sem incluir, aqui, a correção da História que demonstrou a impossibilidade de conciliar-se, até o momento, a felicidade com a solidariedade e de implementar-se sequer a solidariedade, inclusive nos regimes políticos armados (essa palavra tem um sentido forte, como se sabe), para pô-la em prática.

[8] N. Luhmann, op. cit., p. 12. Esse componente está marcadamente presente nos programas e nas ideias da política cultural; seria um bom exercício de laboratório verificar o que aconteceria se ele fosse removido e cedesse lugar a algum tipo de pragmatismo. Antes de ser atacada, a proposta contida no livro *Der Kulturinfarkt* [O enfarte cultural], de Dieter Haselbach, Armin Klein, Pius Knüsel e Stephan Opitz (Munique: Random House, 2012), por extremista que seja em sua tese de negação da "santidade da cultura", merece ser discutida.

que diziam querer evitar. Nesse ponto, recorro mais uma vez ao mundo da arte para lembrar Edgar Degas que, sem meias palavras, atribuía os males do mundo a dois tipos de profissionais: os pensadores e os arquitetos.[9] Tendo a concordar com ele, sobretudo em relação à primeira vasta categoria, que inclui tanto o pensamento laico quanto o religioso (mas, vivendo no Brasil, país do urbanista Lúcio Costa e do arquiteto Niemeyer, concordo também, largamente, quanto à segunda...). Reconhecendo o caráter utópico das aspirações humanas, incluindo aqui a vocação do século 21 para a violência e o mal, talvez em seu estágio avançado, devo dizer desde logo que a reflexão que aqui faço, num ensaio de entender a dinâmica cultural de hoje, não se reveste de nenhuma pregação, nenhum lamento, nenhum discurso moral sobre *o que fazer* como um dia fez Lênin; mas não deixo de tomar partido. Embora ele não o diga desse modo, concordo com Luhmann em que a causa dos desastres humanos e da impotência da humanidade em alcançar a felicidade, a solidariedade e a equitatividade reside numa visão *estratificadora* da vida e do mundo, presente nas religiões, nas filosofias leigas e nas políticas de todas as cores, à qual caberia opor um entendimento do mundo de tipo *diferenciação funcional*, conceito de incômoda concretização e essencialmente dinâmico mas nem por isso menos merecedor de atenção. Dito de outro modo, não tem sido produtivo para a sociedade orientar-se por vetores políticos ou moral-políticos de cunho ideológico, poderia ser estimulante que a sociedade finalmente se pautasse pelo reconhecimento de que as indicações sobre como agir e o que fazer emergem de *condições comparáveis em sistemas culturais paralelos* como a economia, a ciência, a arte, a política, que aprendem uns dos outros, por dizê-lo assim, ao se comunicarem uns com os outros, e as utilizasse para daí extrair as ideias adequadas e estimulantes para o desenvolvimento humano, se e onde ele for ainda possível. Condições comparáveis e por isso mesmo não encerradas dentro de si mesmas, menos ainda no interior de proposições vindas de cima para baixo. Nossa possibilidade de orientar o curso das coisas para um quadro menos negativo, menos utópico, reside no reconhecimento dessas condições e sua harmonização. Trocando em

---

9 Pelo menos Flaubert e Turguêniev também concordariam com a parte dessa proposição que se refere aos pensadores.

miúdos, quero evitar aqui as posições ásperas da Escola de Frankfurt sobre a indústria cultural e a cultura contemporânea, Escola com a qual tenho de resto, admito, muito em comum, e menos ainda pretendo dizer às pessoas e ao mundo o que devem fazer, ao contrário dos guerrilheiros leigos do século 20 na América Latina e dos terroristas religiosos deste século 21 espalhados pelo mundo todo. Há, porém, um mínimo do qual não é possível abrir mão, como ficará claro a seguir. Trata-se aqui de refletir sobre os desafios da cultura no século 21 e é o que farei com a intenção mais isenta possível, reconhecendo desde logo minha adesão ao emprego do termo do "ecossistema", conceito de todo compatível com o reconhecimento de que lidamos com condições comparáveis em sistemas diversos e que, como sugere Luhmann, *"el sistema como un todo es un sistema de comunicación operativamente cerrado"* que, exatamente por isso, permite comparações entre suas partes, elas mesmas, acrescento eu, não encerradas em si mesmas. E o faço com alguma esperança de que o ecossistema cultural, como outros ecossistemas da vida e do mundo, contenha em si, não os germes que o destruirão, mas as alternativas que o corrigirão.

O NOVO SISTEMA DE PRODUÇÃO CULTURAL

Indicando que tratarei de dois tipos de desafio cultural no século 21, aquele conectado a nosso patrimônio material, ou *hardware*, e o que circula no âmbito do patrimônio imaterial,[1] ou *software*; e reconhecendo desde logo que ambos campos se imbricam de modo mais intenso do que parece, recorro de início a um esquema marxista de descrição de certo aspecto da realidade social que se adapta, nessa perspectiva, ao sistema de produção cultural, sem por isso sentir-me obrigado a esposar suas premissas e, menos ainda, suas ilações. Trata-se de um instrumento seco que me permite divisar certas propriedades do momento presente. O esquema a que me refiro é o do *sistema de produção da economia* em geral do qual a cultura é cada vez mais parte integrante, e, para deixar este quadro bem claro, sobretudo para a sociedade intelectual brasileira atual que teima em negá-lo, parte integrante num grau e numa intensidade nunca antes registrados.

O sistema de produção cultural, como todo sistema de produção, tem quatro etapas: a *produção propriamente dita* (do *bem cultural*, como se dizia antes, ou do produto cultural, como se diz agora; para simplificar me referirei a essa entidade com a sigla BPC, bem ou produto cultural), a *distribuição* (desse BPC), a *troca* (desse BPC por outra coisa, no caso por dinheiro, que permite o contato direto entre o BPC e seu destinatário final) e o *consumo*

---

[1] Uso esse termo de modo sobretudo anafórico, sem dar-lhe o peso abusivo que adquiriu no campo da teoria da cultura e da política cultural e sem a ele me aprisionar.

(e, para introduzir aqui um elemento diferenciador relevante, aplicável a certos casos, o *uso*).

Grande parte (se não a totalidade) dos regimes de busca da *felicidade, solidariedade e equitatividade* por meio da cultura voltaram seus esforços para solucionar, não necessariamente nessa ordem, os problemas de produção do bem ou produto cultural, de distribuição desse BPC, da troca desse BPC e do consumo (ou uso) desse bem ou produto. É sempre oportuno recordar que a Política Cultural nasceu, de um lado, da necessidade *do Estado*, ele mesmo nascente, de fazer-se reconhecido, defender-se e afirmar-se, e da necessidade de facilitar o trabalho dos governos que, em nome do Estado, com ele se identificam assim como o fazem os partidos políticos no poder, sobretudo em países culturalmente subdesenvolvidos como o Brasil; e, de outro, da *escassez dos bens ou produtos culturais*.

Não cabe aqui abordar o primeiro ponto, o da política cultural em defesa do Estado, por mais que gostasse de fazê-lo.[2] Vejamos o quadro possível para o segundo. Em especial a partir do final da década de 80, quando as *máquinas inteligentes* inventadas por Alan Turing quarenta anos antes transformaram-se nos computadores atuais e entraram em número cada vez maior em escritórios, espaços públicos e residências de países menos ou mais desenvolvidos, inclusive no Brasil, o século 20 começou a resolver parte significativa dos problemas de produção e distribuição cultural na ótica da segunda perspectiva acima apontada, a da escassez dos BPC. Nos últimos cinquenta anos produziram-se mais bens ou produtos culturais (sem insistir muito no que distingue uns dos outros) do que ao longo da história anterior, o que de resto não é uma façanha assim tão fantástica se nos lembrarmos que a invenção da imprensa por tipos móveis aconte-

---

2 Basta, por ora, lembrar que essa defesa do Estado faz-se por meio de um dos princípios em nome dos quais mais sangue se derramou, o da identidade. O modo pelo qual o Estado manipula a identidade visa criar a unidade: é sempre mais fácil exercer o controle se todos tiverem um só pensamento, uma só ação, se possível um só modo de se vestir... Como lembrou Godard, o Estado quer sempre ser um, o indivíduo é sempre pelo menos dois (o gênio do bem e o gênio do mal, o Eu e o inconsciente — a lista é longa).

ceu apenas em 1439 e que a pintura a óleo,[3] permitindo um conjunto de inovações decisivas na pintura em arte, inclusive aquelas relacionadas à quantidade de obras executadas, tornou-se prática comum na Europa do século 15 depois de inicialmente usada pelos pintores budistas indianos e chineses entre os séculos 5 e 10 d.C. A produção dos BPC na contemporaneidade está sendo tão bem-sucedida que se hoje for impedida a produção de novos BPC por razões econômicas, ideológicas ou de pura *demografia cultural*, a humanidade poderá continuar inventando seus fins culturais com os BPC já existentes por décadas ou séculos adiante, talvez por mais tempo do que lhe resta na superfície da Terra.[4] A tecnologia foi decisiva nesse processo: do livro medieval escrito à mão, único ou em poucas cópias, às centenas de milhares de exemplares de um título best-seller hoje; da fotografia única numa placa de vidro de meados do século 19 à multiplicidade irrefreável das imagens permitida pelos celulares com câmera a bordo e pelo Facebook e Instagram de hoje; do cinema artesanal da última década do século 19 ao YouTube que vem à luz em 2005 e hoje quase o substitui. Não se trata apenas de uma questão de *quantidade*, a dimensão do *tempo* é ela também agora crucial e pode ser detectada no sistema da cultura assim como é prática no sistema geral do universo segundo a nova física: entre 1836 e 1932, na França, o jornal *Le Siècle* (e ele durou de fato quase exatamente um século), porta-voz do monarquismo constitucional e, depois, do republicanismo, e que se opôs à ascensão de Napoleão III, teve no auge de sua vida, em 1860, uma tiragem de 52 mil exemplares. *Ao longo de 24 horas*, cerca de 52 mil pessoas, num número que se poderia multiplicar por pelo menos dois se levados em conta os leitores de um mesmo exemplar, participavam daquela comunidade comunicativa da informação. Hoje, *trinta*

---

3 Esta invenção permitiu a fantástica mudança conceitual e econômica na arte ocidental que vem desembocar no *delírio*, como dizem alguns críticos, dos atuais leilões da Sotheby's e da Christie's (por vezes até mesmo modestos, em suas cifras, diante das constantes operações privadas realizadas fora do olhar público), no mesmo setor.

4 O domínio dos produtos ou bens culturais aumenta agora exponencialmente em quantidade, como se, observa Georg Simmel (in *Sobre la Aventura*. Barcelona: Ediciones Península, 2001), uma lógica interna do sistema extraísse um novo produto do produto anterior (o que de fato acontece), muitas vezes independentemente da vontade ou necessidade de seus próprios produtores e como se essa produção não levasse em conta e não se deixasse afetar pelo real uso que desses produtos possa alguém fazer — uso que seria o único fator a lhes dar uma verdadeira significação cultural. (Cf. Anexo 4.)

segundos bastam para postar uma foto ou vídeo no Facebook ou no Twitter e que pode tornar-se em alguns poucos minutos uma experiência *viral*,[5] como se diz, para no mínimo algo como o triplo de pessoas alcançadas ao longo de um dia pelo *Siècle*, ou umas 300 mil pessoas. A experiência do *Le Siècle* era quantitativamente respeitável a seu tempo — mas os números atuais a pulverizam: numa fração do tempo necessário no século 19, uma multidão ao longo de um vasto território da Terra (a rigor toda ela) participa do mesmo processo comunicativo. Tempo e espaço se fundem. Os filmes cinematográficos antes vinham em latas, oito, quinze dependendo da duração da película; o celuloide riscava-se com facilidade, a engrenagem do projetor mastigava alguns frames ou quadros ao longo das projeções repetidas e, em consequência, pulos na narrativa projetada eram comuns. E as latas tinham ainda de deslocar-se de caminhão ou avião ou barco pelo interior dos países para chegar às salas de exibição. Hoje, o filme digital é distribuído desde uma central distante e chega diretamente à sala de projeção ou à sala de estar do assinante da Netflix. O processo é idêntico para os jornais diários, distribuídos para iPads, celulares e computadores. Quem tem hoje menos de 21 anos de idade talvez nunca visitou a sala das rotativas de um jornal na imensa nave industrial que as abrigava e que não poupava ninguém do ruído ensurdecedor dos rolos de papel se desdobrando por esteiras verticais e horizontais levando os exemplares de uma máquina a outra até se completarem e, finalmente, à frota de caminhões estacionados na rua e em seguida partindo rumo aos mais diferentes e distantes pontos da cidade e do país, operação literalmente antediluviana que hoje, a quem tem uma assinatura digital para iPad ou iPhone, parece simplesmente insensata, desperdício incompreensível e injustificável de recursos e esforços (um desperdício inevitável à época e que, no entanto, dava emprego a milhares de pessoas de diferentes qualificações). A *questão* da produção e da distribuição foi largamente resolvida, primeiro pela (vista de hoje) primitiva indústria cultural do século 19 e 20, vazando óleo

---

5 O *viral* não é em si uma novidade, embora a palavra, com esse sentido específico, o seja. A seu tempo, os Beatles e os Rolling Stones foram *virais*. A diferença entre aquele momento do século 20 e este é que, então, não apenas o *viral* levava mais tempo para se configurar como vinha *de cima para baixo* ou, em todo caso, de um canal singular e formal, de *uma* ou algumas poucas fontes institucionalizadas; agora o viral *vem de baixo para cima* e a partir de uma multidão de matrizes...

por todos os lados, e em seguida pela refinada e limpa, *clean*, *cool*, economia criativa do 21.[6] Sim, é verdade: nem todos os filmes que se gostaria de fazer de fato ainda se fazem, nem todos os livros escritos se imprimem — mas se todos têm em teoria e em princípio, pelo menos nas democracias, direito a expressar-se culturalmente, a verdade é que ninguém está obrigado (nem o Estado, nem a ONU ou a Unesco) a garantir que todos *de fato* materializem num produto esse desejo pessoal de expressão cultural; os direitos culturais são direitos assimétricos mas pelo menos são reconhecidos como tais, algo negado a vários dos outros...[7] Quando se olha para o horizonte dos BPC do alto de um grande edifício em Singapura ou Nova York, a utopia cultural[8] da produção e da distribuição ampla, geral e quase irrestrita *parece* alcançada — e a utopia se localizaria apenas nos outros sistemas, como o da saúde e o da economia...[9] Os meios digitais permitiram, pela primeira vez na história, que as pessoas conquistem ampla *autonomia cultural*:[10] podem fazer (quase) o que bem quiserem, podem consumir (quase) o que bem entenderem, *quando* e *como* desejarem, libertando-se do tempo dos outros como pedia Gaston Bachelard[11] (não preciso mais ir ao cinema às oito da noite ver o filme que quero, posso vê-lo à hora que eu decidir) e, acima de tudo, não mais necessitam de tutores ou facilitadores ou explicadores. As "necessidades" culturais de cada um são hoje atendidas

---

6 *Limpa* e *cool* se nos esquecermos das *sweathouses* da Índia, Paquistão, China ou Brasil onde se fazem componentes de computadores e outros produtos em condições degradantes.
7 Inútil querer negar o caráter jurídico dos direitos culturais por serem assimétricos, o que lhes daria, na opinião de alguns, apenas um caráter declaratório, de manifestação de um desejo. Muitos direitos, no entanto, entram nessa mesma categoria. Todos têm direito à vida, o mais sagrado depois da liberdade, mas tampouco este é garantido, como sabemos os que vivemos num país violento como o Brasil. É verdade, de outro lado, que a assimetria dos direitos culturais aprofunda-se com a inexistência de tribunais de alcance mundial que os façam cumprir. E quando existentes, esses tribunais não têm força para implementar suas decisões: a Unesco classifica certos monumentos históricos, como muitos do Oriente Médio, patrimônio da humanidade, mas assiste impotente à sua destruição por terroristas.
8 Cf. Anexo 4.
9 Cf. Anexo 1.
10 Cf. Anexo 4.
11 Gaston Bachelard, *L'intuition de l'instant*. Paris: Denoël Gonthier, 1975. Levar em conta o significado do tempo no uso ou consumo da cultura, e disso extrair as consequências sociais, políticas e poéticas, seria, em si mesma, uma revolução no campo da política cultural. Fazê-lo tornaria evidente a fragilidade dos argumentos que buscam justificar iniciativas como a chamada "Virada Cultural" que, nas poucas horas de uma noite e uma madrugada, insistem em propor ao maior número de pessoas reunidas em praças públicas o "desfrute" de algumas experiências culturais reguladas por um tempo fixado e de natureza claramente política.

pelas próprias pessoas, caso haja um mínimo contexto tecnológico e econômico disponível.[12] Um estudo recente indicou que a cidade de São Paulo, com seus 15 milhões de habitantes, apresenta uma distribuição assimétrica de recursos e equipamentos culturais formais (cinemas, teatros, salas de concerto) entre seus diferentes distritos, o que é previsível dentro dos paradigmas tradicionais. E concluía, de modo previsível, que medidas deveriam ser tomadas para remediar esse estado de coisas. O estudo, no entanto, não fazia a única pergunta que hoje se justifica: esses equipamentos formais faltantes são de fato necessários, *de fato faltam*? Em que medida? A recomendação de mais equipamentos culturais não seria, em alguma medida, uma questão da antiga política cultural? Não teria a política cultural de alterar-se assim como a cultura se altera?

Mesmo a esfera da *troca* parece ter sido *desutopializada*, embora em grau menor. A troca — que no regime econômico vigente, da China *soi-disant* comunista aos Estados Unidos *soi-disant* "de mercado", implica na aquisição de um BPC, ou do direito de a ele expor-se, mediante a entrega de uma quantidade determinada de moeda — tem várias de suas asperezas aplainadas pela tecnologia digital: a maioria dos livros ditos "de interesse" suficiente para serem digitalizados pode ser adquirida por 8,99 euros contra um preço de 12 a 17 euros, em média, pelo volume *hard*, "duro", impresso, numa redução de 30% a 40%; inúmeros títulos podem ser comprados na web e lidos *de imediato* (contra semanas de espera no modelo anterior: o espaço-tempo outra vez em cena) por um preço entre 0,99 e 5 euros e, surpresa, muitos títulos clássicos (*muitos* quer dizer *de fato muitos*) são descarregados gratuitamente.[13] Os clássicos valem pouco, os clássicos valem (em dinheiro) menos do que os contemporâneos — como nas artes visuais,

---

12 É sabido que imigrantes ilegais na Europa gastam boa parte de seus poucos recursos econômicos falando ao celular com os que ficaram no país de origem.
13 Os radicais da tecnologia digital exigem o fim dos direitos autorais em cultura, algo que a legislação comum já garante em escala razoável por meio da caducidade desses direitos após um determinado número de anos contados a partir da morte do autor. Mas os integristas do direito digital querem a abolição *já de todos* os direitos autorais, dos autores mortos e dos vivos, sem perceber que ou se incomodar com o fato de que essa medida acarretaria o fim da *economia baseada nos direitos autorais*, outro nome, talvez o nome mais correto, da *economia culturalmente criativa*. O fato é que, em silêncio, Kindle e semelhantes já entregam de graça, no original, clássicos do porte de Molière, Shakespeare, Dante, até mesmo James Joyce... *la crème de la crème*. Cf. Anexo 2.

onde um Jeff Koons ou um Mark Rothko não raro valem mais e muito mais que um Rubens ou um Constable. Essa é a marca surpreendente do século 21: *este é um século que gosta de si mesmo*, que gosta do que faz, que gosta do contemporâneo. A Renascença gostava da antiguidade greco-romana; o Barroco seguiu em boa parte a mesma trilha (e os barrocos que optaram pelo presente de sua época se deram mal em vida, a única coisa que de resto conta); o Neoclássico já deixava claro em seu rótulo qual era sua referência cultural, também enxergando o mundo pelo espelho retrovisor; no século 19, os que olharam para o que havia ao lado deles, naquele mesmo instante, tampouco se saíram bem num primeiro momento, assim como pelo menos a primeira metade do século 20 teve grande dificuldade inicial de olhar-se a si mesma de frente:[14] este século 21 é francamente um adepto e *seguidor viral* de si mesmo, é preciso reconhecê-lo.[15]

No campo da apropriação dos BPC, é preciso distinguir entre a dimensão do *consumo cultural* e a do uso cultural. Do lado do consumo cultural, característico do universo dos *produtos* de público amplo e baixa taxa de informação, as dificuldades sempre foram amplamente contornáveis: se um BPC existia (se conseguia furar a barreira econômica e entrar em circulação) e era em seguida distribuído, acabava sendo consumido, mesmo que em seus efeitos mais imediatos. Hoje, essa facilidade é ainda maior, o produto cinematográfico midiático, por exemplo, é consumido com pipoca e refrigerante em salas de projeção que fedem a manteiga e sal.[16] O *consumo* é sempre fácil, cômodo, rápido e indolor, tanto numa "franquia" de *Batman* ou dos *X-men* ou de *Velozes e furiosos* como, anos atrás, na série *Rocky Balboa*: o BPC escorre pelos olhos e pela pele, cai dentro do saco vazio de pipoca e é jogado no lixo à saída do cinema. O problema é o *uso cultural*:

---

14 Hesitando diante das reações dos outros, Picasso ficou nove anos sem exibir abertamente em público seu *Demoiselles d'Avignon*, pintado em 1907.
15 No entanto, o poeta russo Ossep Mandelstam advertiu: "Minha época, minha besta-fera, quem conseguirá/ Mergulhar até o fundo de tuas pupilas?/ Quem com seu sangue rejuntará/ As vértebras de dois séculos?".
16 Há muito as salas de projeção cinematográfica do Japão recendem a *bento*, essas caixinhas com um mínimo alimentar que o japonês leva a todas as partes, assim como no século 18 as salas de teatro europeias deviam cheirar a comida: consumo de cultura e comida estão intimamente associados. Durante algum tempo uma certa etiqueta do bom comportamento baniu a ingestão de alimentos dos lugares públicos de cultura; eles voltam agora, *with a vengeance*.

como usar um Godard, um Tarkovsky, um Sokurov, um Resnais, um Glauber Rocha? Como usar até mesmo um *Ida*, prêmio do Oscar 2015 para melhor filme "estrangeiro",[17] ou um Mike Leigh dos bons, ou um Kurosawa de sempre? Fellini parece ter sido uma relativa exceção, talvez tenha encontrado antes de Alan Alda como comunicar-se rapidamente com seu público mesmo fazendo filmes de primeira qualidade, o que igualmente consegue Woody Allen — e os filmes deste e daquele são para *uso*, não consumo, e *são* usados, por aqueles que conseguem fazê-lo, quer dizer, são incorporados, transformados em cultura subjetiva, e não mantidos à distância como casos da cultura objetivada. Mas, que fazer com Godard, algum Altman fora da própria curva, um Ettore Scola, Theo Angelopoulos, Manoel de Oliveira? E o digo pensando na ação cultural e nos problemas do gestor cultural. A esfera do uso dos BPC configura a dimensão deficitária da nova cultura como o era da antiga — mas a rigor o problema é antes da Educação que da Cultura, a menos que uma ação no interior do ecossistema comunicativo do século 21 consiga integrar *de fato* a cultura à educação, lacuna gritante no país Brasil, por exemplo, cuja educação é das mais desculturalizadas. Há margem para indagar-se, como em todo fenômeno pós-moderno, a solução (por hipótese, pelo menos), na dimensão institucional dos ministérios e secretarias, não estaria na combinação entre educação e cultura tal como era a prática no país Brasil na primeira metade do século 20, mesmo que apenas nominalmente. Isso, na perspectiva unicamente do *uso* da cultura, não do apoio à sua produção: é possível que tanto a educação quanto a cultura e a arte ganhassem com a medida. Se a pós-modernidade é a reintegração de estilemas do passado aos modos e formatos atuais, numa negação da modernidade e sua exigência do novo e da compartimentação a todo custo, talvez se possa operar algo semelhante no campo da gestão pública da educação e da cultura. Com isso, a *questão* do uso, *que não é da cultura em ato*, poderia ser pelo menos encaminhada, se não resolvida.[18]

[17] Rótulo sem sentido: o cinema é universal em sua linguagem, salvo conveniências políticas e comerciais não há *estrangeiros* dentro de seus muros... que não têm consistência porque permeáveis. *Estrangeiros* (ou estranhos: a origem das duas palavras é comum) são, apenas, os filmes que escapam ao formato e conteúdo medianos do campo.
[18] Os demais campos da produção cultural, em contrapartida, provavelmente sofreriam com essa medida...

O que interessa em particular nessa quarta esfera do sistema de produção cultural, e que esse esquema abre espaço para considerar, é o *modo* de uso ou consumo dos BPC. Sob esse aspecto, ganha destaque a pertinência do legado ainda pouco apreciado de Marshall McLuhan que permite considerar a hipótese do abandono, ou pelo menos da colocação temporária entre parênteses, da questão do conteúdo, cara ao materialismo histórico (mas também aos cristãos e muçulmanos etc.), em cima dos quais e com os quais foi feita a maior parte da educação universitária ocidental (eu quase escrevia: a maior parte da doutrinação universitária ocidental) ao longo do século 20 em países como Alemanha, Itália, França, Inglaterra, Brasil, Estados Unidos. A questão colocada por esse eclipse temporário do conteúdo pode ser resumida, e simplificada, na perspectiva extrema desta pergunta: Que importa se um filme ou livro ou pintura são correta ou adequadamente usados ou consumidos em seu conteúdo, que importa se têm o conteúdo politicamente correto se, do ponto de vista da sociedade comunicativa, o que promove o novo sistema de produção cultural, com seus novos inputs primeiro eletrônico e depois digitais, é a fragmentação do público — que aparece agora como se colocado num túnel de aceleração de partículas a exemplo do Grande Colisor de Hádrons,[19] perto de Genebra, e transformado numa miríade de entidades discretas que, fora das salas de espetáculo e da íntima sala de estar, nem sequer esbarram umas nas outras? Antes era possível dizer, desse público, que era relativamente homogêneo;[20] agora seu desenho é quase o mesmo do universo. A pergunta é longa mas ao fazê-la penso por exemplo no fenômeno do Netflix que, pela módica quantia de 9 euros mensais, dá acesso a milhares de películas de todos os tipos — e isso não mais na sala *regulamentada*[21] de projeção de um cinema coletivo e nem no tempo uniforme das sessões públicas, mas a qualquer hora do dia ou da noite, em qualquer lugar onde houver uma conexão wi-fi; ou, dentro

---

19 Em inglês, Large Hadron Collider.
20 E esse é mesmo o conceito próprio de "público" em política cultural: conjunto relativamente homogêneo de pessoas que se entregam regularmente a uma determinada prática cultural. As pessoas que ocasionalmente acorrem a uma prática, por exemplo uma bienal de artes, mas que não são *habituées* dessa prática, são apenas os visitantes desse evento, não seu *público*.
21 A desregulamentação é a tônica contemporânea — na economia, nos transportes (caso do aplicativo Uber, cujo destino não se sabe a esta altura qual será) e na cultura, em tantos domínios. (Cf. Anexo 4.)

de um apartamento, que dá acesso a esse material aos pais (se ainda couber falar nessa figura) sentados na sala de estar, ao filho do casal em seu quarto individual que assiste a um outro filme em computador ou TV pessoal e à filha do casal em outro quarto, se a situação for de uma classe média, que repete o quadro composto por seu irmão mas diante de um terceiro filme, sem falar, no caso de um país como o Brasil, à empregada doméstica em seu próprio quarto na área de serviço vendo um quarto programa... O meio é a mensagem, sugeriu McLuhan, e a mensagem da cultura digital é a fragmentação acelerada das antigas relações pessoais por meio da cultura. A grande emoção cultural, nos anos 50, 60 ou 70 do século passado, para ficar nos parâmetros de minha geração, era ir ao cinema, acompanhado ou não, e depois perguntar ao amigo se também ele havia visto o mesmo filme e se tinha percebido de modo especial aquele momento em que o monstro ou o bandido ou a heroína ou a megera havia feito ou dito isto e aquilo e como era bom o jogo de câmera e como o principal ator era ruim e a música, magnífica. É possível que algum amigo esteja hoje, em sua casa, vendo um filme na Netflix no mesmo momento ou quase em que eu também, em minha casa, vejo um filme. A probabilidade, porém, de que o filme seja o mesmo é igual ou menor que a probabilidade de ganhar o primeiro prêmio da loteria: mínima, desprezível. Posso até descrever para ele no dia seguinte, em pormenores, como era bom o filme que vi e ele pode me descrever minuciosamente a ruindade do filme que se resignou a ver, mas meu interesse pela narrativa dele é pequeno, se existente, e idêntico o interesse dele pela minha, quer dizer, quase nenhum: um interesse polido, como se diz, já que *não vivemos a mesma experiência,*[22] o *tempo cultural*[23] não é mais comum nem num mesmo corte sincrônico. Esse fenômeno poderia ser aquilo que Nestor Canclini descreve como a "sociedade sem relato": do modo como entendo esse quadro, esse rótulo designa não tanto uma sociedade de onde o relato está ausente mas uma sociedade de *relatos em profusão e em excesso*, uma sociedade *sem relato unificado*. Em princípio, isso não é

22 Num recente voo transatlântico era possível ver, numa mesma mirada, umas atrás das outras, numa mesma linha de assentos (a palavra "poltrona" não cabe aqui nem de longe) mais de dez telas de vídeo do sistema de *entertainment* de bordo; e cada uma delas mostrava um filme diferente: esta, um de procedência turca; a segunda, uma película americana de ação; outra, um desenho animado japonês... Exemplo concreto de diversidade e multiculturalidade em mais de um sentido.
23 Cf. Anexo 4.

tão ruim quanto possa parecer e não constitui um problema maior: lembro-me dos tempos da predominância dos relatos únicos e exclusivos, o tempo do catolicismo medieval, o tempo atual do islamismo em sua versão anarco-terrorista e estatal, o tempo do excludente relato nazista e comunista soviético, o tempo do relato franquista, o tempo da ditadura militar em meu país. Entre o relato único e a multidão de relatos, minha opção é clara, firme e forte pelo segundo, sejam quais forem os problemas gerados (se algum). A dispersão dos relatos não é um problema da cultura economicamente criativa, da cultura Netflix: se for, será um problema de alguma outra esfera da sociedade, provavelmente da educação (que já não dá conta, há tempos, nem sequer de sua tarefa básica, que ela não mais sabe qual é, e que hoje é apenas e mal tolerada por aqueles aos quais se destina). A Netflix é, aqui, apenas um símbolo, talvez menor, de uma situação mais ampla dentro da qual *a comunicação tende a zero enquanto a informação* (em seu aspecto formal e meramente quantitativo) *tende ao máximo*. Deixarei de lado o conceito segundo o qual informação é apenas e unicamente a mensagem que muda comportamentos, mesmo porque sem dúvida a Netflix pode, mesmo que por mero acaso, disponibilizar (um dos verbos centrais do novo sistema) também Godard e Altman e Manoel de Oliveira e provocar imprevistas mudanças no comportamento de seus espectadores (o "problema" é que antes os filmes desses autores eram vistos em comum em espaços e tempos comuns, provocando e *intensificando* mudanças comuns, mudanças sentidas coletivamente, pelo menos em grupo, por "tribos," num mesmo espaço e num mesmo tempo). Comparando-se o quadro atual de disponibilidade de BPC com o anterior, em termos de oferta de mensagens o atual exibe um gráfico de crescimento ascendente enquanto em termos de comunicação o gráfico apresenta um viés, como se diz em economia, claramente *para baixo*. Constitui isso um problema ou estamos "apenas" diante de mais uma mudança de paradigmas?

UMA OUTRA FRAGMENTAÇÃO: DA PERCEPÇÃO E DO MUNDO

Um aspecto não menos relevante do uso da cultura (e do mundo) na dinâmica atual é o que diz respeito a um outro modo da fragmentação: a fragmentação da percepção motivada pela fragmentação das formas todas elas, das pequenas às grandes. Um exemplo concreto e emblemático: o complexo arquitetural da Fondazione Prada em Milão projetado por Rem Koolhaas e inaugurado em maio deste 2015. Imensamente distante dos tempos modernos da arquitetura, Koolhaas propõe um conjunto feito de desarmonias que nada tem a ver com os previsíveis blocos de cimento e vidro de Mies van der Rohe. Seu design é de fragmentos, que não formam um todo coeso. Escrevendo sobre a nova catedral da arte para o *Financial Times*,[1] Jackie Wullschläger apropriadamente descreve o novo conjunto como uma metrópole em miniatura feita de estruturas flutuantes que exprimem uma sensibilidade própria destes primeiros anos do século 21, sensibilidade que consiste em perceber o mundo — o virtual como o real — de um modo fragmentado composto (ou decomposto) por um processo de "clipagem" de formas e estilos (justaposição forçada de partes que não estão em continuidade lógica), de zoom-ins e zoom-outs de perspectivas, cópias, pastiches e apropriações. Como Rem Koolhaas aproveitou edificações já existentes no terreno, de diferentes procedências estilísticas (e, mesmo, sem nenhuma marca estilística notável ou própria), e a elas somou

[1] Edição de 9/10 de maio de 2015.

novos acréscimos em forma contemporânea, levou mais adiante, de certo modo, a proposta de desconstrução, decomposição e fragmentação que Frank Gehry já praticara em Bilbao e, mais recentemente, de modo ainda mais extremado, na Fondation Louis Vuitton no Bois de Boulogne, em Paris, assim como fizera, antes dele e de modo mais recatado, Bruno Zevi, bem mais lá atrás. Os exemplos de fragmentação da forma e portanto da percepção, aparecem em outras regiões do ecossistema cultural contemporâneo, como em Jean-Luc Godard, vindo do século 20, e, antes dele e vindo de um momento mais remoto desse mesmo século, James Joyce, com seu *Finnegans Wake*. A fragmentação das múltiplas minitelas e aplicativos na página de abertura de um celular, e dos múltiplos computadores conectados em linha nos quais as imagens e textos deslizam de um para o outro como numa operação fantasmática, é da mesma natureza daquela percebida em Koolhaas, Godard e Joyce — e embora muitos usuários dos novos smartphones e macbooks air tenham sérias dificuldades para apreender Godard, Joyce e Koolhaas, estão se movendo num novo cenário que é mais, muito mais do que o velho mosaico (um mosaico, apesar das pedrinhas fragmentadas que o compõem, tinha figuras e formas claras e perceptíveis), um puzzle para a velha cultura. Provavelmente os novos usuários da tecnologia da informação e comunicação, com sua percepção fragmentada e talvez fragmentária,[2] irão dar origem a novos Godards, Koolhaases e Joyces. Enquanto isso não acontece, os usuários das velhas formas íntegras, integrais, previsíveis e abarcáveis chocam-se de frente com os novos usuários da percepção fragmentada e da fragmentação reformatando o mundo.

[2] Um dos conceitos mais produtivos de ideologia, na linha dos estudos linguístico-freudianos desenvolvidos ao longo dos anos 60 e 70 do século 20, é o que a descreve como um discurso fragmentado e fragmentante com a coerência de uma neurose. Claro, nem todo discurso fragmentado é fragmentante e se comporta como uma neurose...

O USO E O CONSUMO VISTOS PELA TECNOLOGIA DE PONTA, LITERALMENTE

Há pelo menos mais uma mudança radical na esfera do uso ou consumo dos BPC na mesma perspectiva do comportamento: se o comportamento exterior do usuário de um BPC não pode ainda ser seguido e analisado com precisão por um observador, já é possível acompanhar e, parece, interpretar as reações *psicológicas* desses usuários ou consumidores *em tempo real* por meio da máquina inteligente que é o computador. O surgimento do campo do conhecimento denominado de inteligência emocional não apenas alertou os programadores de software para a necessidade de levar em conta a emoção, ao desenharem seus produtos que interagem com o público, como lhes sugeriu a ideia de saber como está esse público *reagindo emocionalmente*, e não apenas racionalmente, ou "racionalmente", ao que consome ou usa. Pelo menos uma empresa nos Estados Unidos começou a desenvolver programas como o MindReader, destinado a avaliar a reação das pessoas a anúncios comerciais na TV a partir das mudanças em seus traços faciais. O franzir da testa, o modo de comprimir os lábios, os desenhos esboçados pela boca em movimento de reação ao que o olho vê, o maior ou menor fechamento das pálpebras tornam-se indícios seguros, parece, do que sentem as pessoas quando expostas aos estímulos fornecidos pelos anúncios ou filmes. O resultado pode ser usado para prever o grau de adesão das pessoas a um produto ou, em todo caso, à publicidade que o anuncia. As agências de publicidade e produtoras de comerciais estão entusiasmadas porque, embora às vezes as pessoas reunidas para avaliar um comercial possam dizer *verbalmente* que o aprovam sem restrições, a expressão de seus rostos pode mostrar que na realidade lhes foi emocionalmente difícil acompanhar esta ou aquela parte do que estavam vendo. A divergência entre a expressão manifesta da opinião e a emoção interior, por vezes inconsciente, aparece com clareza nos rostos das pessoas e em seu corpo, indicariam as pesquisas realizadas com esse novo software. O alvo desses programas de avaliação computadorizada das emoções é a *atenção* e a possibilidade de intervir sobre seu mecanismo, captá-la, ativá-la, retê-la, medi-la. Está cada vez mais difícil capturar a atenção das pessoas, que no entanto a teriam disponível para uma troca.[1] Como se diz hoje nos bastidores da publicidade, a atenção das pessoas é fungível, pode ser trocada por outra coisa e por uma coisa em particular: dinheiro — se não pelos consumidores eles mesmos, certamente por aqueles que *alugam* sua cabeça e, com ela, sua atenção: a emissora de TV, as agências de publicidade.[2] A atenção é muitas vezes, além do próprio corpo e de seus órgãos internos, a única coisa que as pessoas hoje podem vender — só que não são pagas por isso, o dinheiro vai para o intermediário que é o produtor do vídeo, a agência de publicidade, a empresa que possui o jornal digital e análogos. Como sempre e como em todos os cantos deste microssistema econômico, a fatia maior do bolo (se não todo ele) vai para a mediação. Antes era possível captar a atenção das pessoas em menos tempo; agora, com a diversidade crescente dos estímulos e a redução do tempo disponível para a percepção, só a ajuda excepcional da informática pode tornar o processo de captura da atenção viável e rentável. E já há mesmo processos de avaliação e observação computadorizada integrada que apanham a pessoa *no contexto* em que consome o produto visual observado, por exemplo em sua casa. A Verizon e a Microsoft, neste caso com seu programa Xbox One, podem, com uma câmera de alta definição, observar pessoas à razão de trinta frames por segundo, portanto em alta definição. Esse programa

[1] Os jornais digitais, como se sabe, oferecem vídeos *interessantes* que podem ser assistidos se o usuário aceitar ver, antes, pelo menos parte de um anúncio publicitário acoplado. A atenção dada à publicidade, neste caso, não é capturada mediante um subterfúgio menos ou mais dissimulado, ela é claramente *trocada* conscientemente pela satisfação advinda da observação do vídeo buscado.
[2] Uma firma intitulada Affectiva é a pioneira no desenvolvimento desses sistemas digitais de análise facial.

pode captar o movimento de fótons individuais, registrar minúsculas alterações na pele da pessoa (como o acúmulo súbito de sangue numa área, indicando raiva ou pudor), medir as batidas do coração diante de certa cena, registrar para onde ela está olhando, o que está comendo enquanto vê TV, com quem conversa e o que diz. Se antes as emissoras de televisão nada sabiam sobre seus espectadores, como se queixavam seus executivos, hoje podem saber tudo, numa versão 2.0 do Big Brother Brasil ou Big Brother UK ou Big Brother Galícia, se o têm aqui. Já existem mesmo *advertising-reward companies*, empresas que se especializam em desenvolver esquemas de pagamento pela atenção conseguida dos espectadores e que tornariam o sistema "mais justo" ao compartilhar com o público, de forma algo nebulosa, uma parte dos ganhos do sistema maior. Antes, uma grande produtora cinematográfica, uma *major*, tinha de reunir um grupo de pessoas numa sala de projeção e lhes perguntar o que haviam achado do filme prestes a ser lançado. Hoje necessitam apenas projetar-lhes esse filme e, com as imagens captadas e analisadas pelos computadores, ter um quadro imediato da real reação emocional das pessoas ao que viram — e *por sequência*, se necessário por frame. As regras da *Poética* de Aristóteles, que ainda hoje pautam a construção do roteiro de um filme, entram em novo estágio: identificar como e se essas regras funcionam num caso concreto é não só possível como imediato.

Sabendo que sou observado, que faço com minha atenção e minha emoção? Posso dissimulá-la? Devo fazê-lo? Mas... sou mesmo consciente de estar sendo observado e examinado, esquadrinhado?

O *ENTERTAINMENT* VOLTA À CENA... PARA FICAR

Observando o quadro descrito pelo sistema de produção cultural em sua versão 3.0,[1] e que inclui, além do cinema e do livro tradicionais (que não o são mais, claro), o email, o YouTube, Spotfy, Facebook, Instagram, Waze, Kindle, iPhone, iPad, iTunes, por cima dos destroços do MP3, do Walkman (com sua fita cassete, se alguém ainda se lembra), do Diskman, do *desk computer* com sua imensa e barulhenta torre e de tanta outra coisa que parece parte de um passado distante, há um outro traço claro do ecossistema comunicativo (ou anticomunicativo ou não comunicativo) do século 21: o *entertainment*, um traço anunciado, propagado e assumido sem hesitação pelos usuários ou consumidores desde antes que a cultura *highbrow* da Escola de Frankfurt e os teóricos do contradiscurso 1.0 fizessem questão de o desprezar e contra o qual lutaram com todas suas forças antes de morderem o pó, definitivamente batidos. Hollywood nunca disse que fazia cultura, sempre se apresentou como uma *entertainment industry*, assim como eram e são a TV aberta (broadcast) e a TV por cabo às quais os *heróis* das universidades de elite e os Estados sociais cheios de bons senti-

---

[1] Como força de expressão, 1.0 seria o quadro fornecido pela segunda metade do século 19; 2.0, aquele que cobre a totalidade do século 20 e sua indústria cultural tal como Walter Benjamin a conheceu e estudou, sem muita preocupação com datas precisas; e 3.0, em todo caso 2.1, aquele que se inicia ainda na fase final do século 20 para encontrar seu ponto culminante (temporário) nestes três lustros de um século que, cronológica e simbolicamente, começou em 2001 com o atentado contra Nova York.

mentos[2] tentaram opor as emissoras de "televisão cultural". Se estivesse vivo, e caso tivesse prestado atenção nesse fenômeno,[3] Marshall McLuhan teria certamente, no mínimo, perguntado o que entendiam por cultura os autores de semelhante proposta bem-intencionada. O Canadá, como os Estados Unidos, tem seu PBS, Public Broadcasting Service, que oferece cultura e muito mais sem pretender opor-se programaticamente ao *entertainment* como o fazem os adeptos da teoria da sociedade estratificada. É de todo legítimo dizer que o ecossistema comunicativo do século 21 é o sistema que tem em seu centro a ideia de *entretenimento*, e o indício mais recente e forte desse quadro, que deu foros de legitimidade à extensão da ideia de *entertainment* a outros campos da sociedade, é a emergência das palestras TEDs surgidas em 1984 como um evento pensado para ser único e, a partir de 1990, como a série viral que hoje ocupa o YouTube. As TEDs, alimentadas por uma fundação sem fins lucrativos, surgiram no ambiente high tech do Silicon Valley para de início atender aos objetivos específicos dessa indústria de última geração, como se diz, porém logo se espraiaram para outros setores, inclusive o da educação superior. TED, acrônimo de Technology Entertainment Design, afirma seu objetivo de expressar, em até dezoito minutos,[4] a *essência* de um assunto *do modo mais agradável*

---

2 A respeito, ler Michel Maffesoli, *A república dos bons sentimentos*. São Paulo: Iluminuras/Observatório Itaú Cultural, 2012.
3 O Canadá, país de nascimento de Marshall McLuhan, tem até uma Aboriginal Peoples Television Network mas não uma "televisão cultura" como a existente no Brasil.
4 Por que duram as TEDs dezoito minutos? Segundo Chris Anderson, curador da instituição TED, de início se pensou que as palestras deveriam ter quinze minutos, um número que dispensa explicações: um quarto de hora. Um quarto de hora é um tempo aceitável; nos padrões atuais de atenção, dois quartos de hora, numa conferência, aparentemente são intermináveis; três quartos (multiplicado por dois), só no futebol, quando podem parecer breves demais. Ocorre, diz o curador, que as pessoas às quais se comunicava esse limite para uma intervenção diante do público costumavam entendê-lo como sendo de vinte ou 25 minutos. Passou-se então aos misteriosos dezoito minutos. Segundo o curador, é um tempo longo o bastante para que a coisa seja vista como séria e curto o suficiente para prender a atenção. Diz ele que é a duração média de uma "pausa para o café" nas empresas e universidades, significando que uma TED pode ser vista nesse intervalo e retransmitida de imediato para um amigo. Forçando palestrantes acostumados aos tradicionais quarenta ou 45 minutos a aterem-se a breves dezoito, eles seriam obrigados a pensar no que realmente querem dizer. O procedimento tem um efeito esclarecedor, diz o curador. Força a disciplina intelectual. É possível. Em todo caso, dezoito minutos é melhor que a proposta de um publicitário brasileiro que dizia, convicto, em pleno século 20, que nada que não pudesse ser dito em trinta segundos merecia ser dito. Claro, trinta segundos era, à época, como hoje, uma espécie de unidade padrão para os anúncios na TV — e aquele publicitário confundia *relevância* com *publicidade* e *televisão*, restringindo aquela a estas. Nesse cenário, os dezoito minutos surgem até como uma concessão favorável, embora haja coisas, a maioria das coisas da vida, que demandam uma vida inteira para serem ditas.

possível e lançando mão dos *recursos tecnológicos* de comunicação e informação mais variados e atuais. O palestrante de uma TED tem de ser aquilo que hoje se descreve como um "comunicador".[5] Apresentadores famosos de televisão, especialmente de programas do tipo *talk shows*, como David Letterman e Jô Soares, são comunicadores. Manoel de Oliveira não é um comunicador, é um artista. Talvez por linhas tortas, o termo *comunicador* aplicado aos apresentadores de televisão está perfeitamente correto: um artista não comunica, expressa — e segundo a teoria da informação, quanto mais expressa, menos comunica.[6] Não basta que o conteúdo seja bom, não basta que seja *correto*, seja o que isso signifique: é preciso que seja agradável, divertido, que *entretenha* — palavra que literalmente quer dizer "tenha entre", "mantenha entre" dois estados, duas situações. No teatro clássico, os *divertissements* ou *intermezzi* eram sketchs cômicos ou malabarísticos destinados a entreter, a manter o público entre um ato e outro, a mantê-lo na sala, a mantê-lo interessado, *a manter sua atenção*; o que no fundo importava ao autor teatral era o que estava no primeiro ato e no segundo e no terceiro, ou no quarto e no quinto se a peça fosse uma tragédia. Os entreatos eram meras diversões sem compromisso. São as TEDs meras diversões sem compromisso, destinadas a *entreter* as pessoas entre dois estados, por exemplo entre dois momentos de trabalho ou entre o estado de ver uma partida de futebol na televisão e o estado de estudar Hegel? Como é cada vez menor, tudo indica, o número de pessoas que estuda Hegel (pode ser que as pessoas leiam Hegel, o que é outra coisa), é possível que as TEDs não *entretenham* mais nada e ninguém e sejam, elas, *a coisa em si*, aquilo que é hoje possível existir e oferecer — a informação possível, a comunicação possível, a educação possível.[7] A discussão pode ir longe nesta perspectiva

5 No século 20, os "cursinhos" brasileiros já adotavam, em termos, a estratégia da TED sem usarem o termo. "Cursinhos" eram cursos livres, ao lado dos cursos oficiais de segundo ciclo, que forneciam ao aluno desejoso de ingressar na universidade, mediante exames vestibulares, as informações adequadas que os cursos regulares não lhe davam. Como eram pagos, e regiamente, os "cursinhos" tinham de atrair alunos e por isso estimulavam seus professores a não serem os supostamente "tediosos" mestres de sempre e, pelo contrário, assumirem seu "lado comunicativo", agradável, entretido, próprio dos atores e do espetáculo.
6 Se a carência de comunicação não é sinônimo de má qualidade nem da mensagem, nem do processo, a agradabilidade de um contexto comunicativo tampouco é indício de algo necessariamente positivo.
7 A educação de massas à distância, pela internet, vem sendo proposta como a alternativa para a educação universitária sustentável no século 21 (ainda não para a educação primária) no momento

mas o que fica claro é que o ecossistema comunicativo do século 21 ou contém o *entertainment* ou nada é: não subsiste, não é efetivo.

Não é uma grande novidade. Como sabe quem assistiu a *Shakespeare in Love*, filme de 1998 dirigido por John Madden, para ficarmos com um exemplo adequadamente "midiático, a montagem de um texto do dramaturgo inglês no Globe Theatre de Londres era sempre uma ocasião de extrema comunicação e grande *entertainment*. O *entertainment* foi banido de cena por políticos, filósofos, sociólogos, educadores e padres carrancudos (Degas tem razão: o problema são sempre os pensadores, não os artistas) para os quais as Ideias Certas, quase sempre Ideias Feitas, são necessariamente ideias aborrecidas e sérias, e aborrecidas porque sérias. O dramaturgo e poeta Oswald de Andrade, nas primeiras décadas do século 20 brasileiro, cunhou a expressão "chato boys"[8] para designar exatamente os produtores e divulgadores de um conhecimento tedioso e mantido em formol, um conhecimento quase sempre sério ou que se pretendia sério e politicamente correto. O ecossistema comunicativo do século 21 inclui o *entertainment* ao lado do que é necessário para que o espírito se adense;[9] o indício desse ressurgimento está por toda parte, é um alerta para os que sobrevivemos à Era do Tédio.

---

em que os custos do sistema tradicional parecem ir além do suportável. Independentemente do fato de que o ensino à distância tenderia a dirigir-se às camadas economicamente desfavorecidas da população, continuando as universidade de primeira linha a oferecer o sistema de sempre aos mais abonados, e apesar do amplo apoio obtido pela ideia nos círculos tecnocráticos, esse recurso é severamente criticado, entre outras coisas, pela possibilidade concreta da massificação da opinião e do conhecimento dos estudantes por meio de um ou alguns poucos pontos de vista divulgados pelos poucos professores que teriam direito à palavra no canal virtual. Nessa perspectiva, nada superaria a diversidade favorecida pelo atual sistema de ensino presencial, necessariamente local e localizado. O quadro de um ensino à distância através do computador torna-se ainda mais preocupante com a introdução de técnicas digitais de análise e interpretação da realidade, seja ela natural, econômica ou artística; a respeito, cf. o Anexo 4. Dito de outro modo, a educação enfrenta no século 21 o mesmo tipo de desafio com que se depara a cultura; esperar que, nesse quadro, a educação consiga atuar em favor da cultura, ou vice-versa, pode ser apenas manifestação de um *wishful thinking*.

8 "Chato", na linguagem brasileira, designa uma pessoa de convivência tediosa, que incomoda: provém do nome de um inseto achatado que gruda na pele e chupa o sangue da vítima, provocando forte coceira e irritação cutânea. Oswaldo de Andrade usava essa expressão para destacar-se de outro "de Andrade", Mário, e dos intelectuais da "esquerda chata" que, na universidade brasileira, pediam (e pedem) sempre seriedade, a obediência aos clássicos "corretos", disciplina e respeito às ideias consagradas. Como Oswald era indisciplinado, pôde criar obras de arte como a peça teatral *O Rei da Vela*, instigadora de uma profunda revolução no teatro brasileiro dos anos 60 do século passado.

9 Cf. o verbete "valor cultural", no Anexo 4.

Uma dimensão em particular do *entertainment* vem explícita na própria denominação das TEDs. Refiro-me ao design, que o nome TED inclui como um membro de sua tríade "Tecnologia, Entertainment, Design" e que estaria no mesmo patamar dos dois outros mas que prefiro ver como um desdobramento daquele que na fórmula consagrada o precede, o *entertainment*. Como tal, e mesmo com minha relativização, ele integra o atual ecossistema comunicativo que, com rigor apenas relativo, estou tomando como sinônimo de ecossistema cultural por um motivo que ficará claro mais abaixo. Tudo é design hoje. É como se a Bauhaus voltasse à cena *with a vengeance*, expressão da língua inglesa que soa estranha para os falantes do português e que significa "com força, com energia", como no filme *Die Hard with a Vengeance* de 1995, que popularizou o ator Bruce Willis e deu início a uma longa franquia, como se diz. O nazismo encerrou a carreira da Bauhaus na Alemanha e a levou a exilar-se nos Estados Unidos antes de desaparecer. Mas seu programa para introduzir a grande arte na vida comum através do design "vingou",[10] como dizemos no Brasil, quer dizer, sobreviveu apesar das dificuldades. Não é raro ouvir intelectuais sérios denunciarem a "estetização da vida" cotidiana e combaterem-na como mais um exemplo do sistema consumista em que vivemos. Nunca fica muito claro, em quem ataca essa estetização, se há uma estetização "boa" e qual seria ela, assim como não fica claro se a estetização é em si um mal. A impressão geral é de que o lugar da estética, segundo esses críticos, é nos museus, salas de concerto, livros e nada mais. Mas como os mesmos intelectuais sérios atacam também, com frequência, os museus, a sensação que termina por impor-se é que defendem a miséria e a feiura. No Brasil temos o chamado "carnaval de avenida", como o da Avenida Sapucaí no Rio, coruscante nos excessos barroquizantes das *escolas de samba* e que se contrapõe ao que seria, segundo os bem-pensantes, o "verdadeiro carnaval," o carnaval de rua, informal, sem regras, modesto, cotidiano. Joãozinho Trinta foi um dos mais famosos e bem-sucedidos *carnavalescos* do Rio, mistura de coreógrafo, dramaturgo, designer, diretor de cena e técnico (assim como se

---

10 Usado originariamente para se falar de uma planta que sobreviveu num cultivo enquanto as demais ao lado morriam, como se a sobrevivente, com sua vida prolongada, *vingasse* as que morreram em virtude da inclemência da natureza, da incúria do ser humano ou, em última análise, do descaso de Deus...

fala de um técnico de futebol) de uma escola de samba do Rio de Janeiro. Todo carnaval da Sapucaí, transmitido ao vivo pelas estações de TV e, em especial, pela onipresente Rede Globo, era e continua a ser menosprezado pelos intelectuais críticos da comunicação de massa porque os enredos dos desfiles das diversas escolas não tinham lógica e não respeitavam a história oficial e porque, segundo eles, o mau gosto imperava, além de ser tudo demasiado e desnecessariamente caro num país pobre. Pois, Joãosinho Trinta passou para a História com uma frase que sintetiza à perfeição o que estamos discutindo: "Quem gosta de pobreza e miséria é o intelectual, o povo quer luxo e fantasia".

O fato é que a Bauhaus "vingou" e, mais do que ela em si mesma, "vingou" seu princípio instituinte: o design. No século 21, tudo é design: há um hotel-design, um restaurante-design, uma roupa-design, um carro-design, um pub-design, a TED é uma aula-design. Mesmo a relação amorosa pode ser design: em época anterior à TED, no Brasil falava-se de uma "amizade colorida" para designar o tipo de contrato aberto entre dois namorados ou amantes que não seguiam estritamente os cânones tradicionais da fidelidade, do casamento monogâmico com "papel passado" em cartório e certidão obtida na Igreja, portanto uma relação sem prazo para acabar e sem rumo certo. Não se usava a expressão "relação-design" ou "amizade--design" mas este era o sentido: uma relação que se projetava para o futuro e não queria saber do passado institucional, uma relação que procurava a *melhor forma* para os dois (ou mais) parceiros amorosos, a forma à qual os parceiros mais se acomodassem, a forma mais bonita, mais agradável, mais harmoniosa, que resolvesse melhor as funções amorosas e sentimentais, em lugar da *forma devida* prevista e engessada pela sociedade, uma forma em preto e branco como a do "papel passado". Um uso perfeito da ideia de design sob as vestes do expressivo termo "colorida". Pois, o design é de fato colorido, como o é uma TED ou um hotel-design, a exemplo desse Arcotel em Berlim, no Mitte, Oranienburgerstrasse, cujos quartos com vista para a rua ostentam amplas janelas de vidro, em toda a extensão do chão ao teto, que expõem totalmente seus ocupantes, aos olhos da rua, do modo como estiverem vestidos ou despidos e fazendo o que for que estiverem fazendo, se não se preocuparem em fechar as cortinas. É um novo conceito de *abrigo*, não mais o abrigo *contra* a cidade mas o abrigo *aberto* para a cidade: quem vai a Berlim, como a Paris ou a Santiago, quer *entrar na cidade*, fazer parte dela. Por que o hotel deveria isolá-la? Esta a ideia: estar aberto para o novo, o desconhecido, o ignorado, o incerto, o futuro. O design nunca *é*, ele se abre, se projeta. O ecossistema cultural do século 21 é um design. Paradoxalmente, o futuro do século 21, ecologicamente, surge como tão negro quanto, ao fim do dia, os filtros das máscaras que os chineses usam sobre a boca em Beijing, que antes chamávamos de Pequim. O antídoto a esse futuro negro é o ecossistema design, o ecossistema em projeto: pela primeira vez na história da humanidade é possível projetar o futuro, para pior e para melhor (se ainda houver margem para a segunda alternativa). E a ideia e a palavra aparecem e estão aí: design. O viés dessa palavra, como se diz, não é "de baixa", nada indica que o design, assim como o *entertainment*, irá desaparecer logo. Pelo contrário. Em vez de criticar negativamente ambas as palavras e a realidade por elas referida, será melhor atentar para o que recobrem, o que querem fazer nascer ou aquilo para o que abrem espaço. O único incômodo com a ideia do design é apontar excessivamente para a ideia de futuro tolhendo a visão de que a vida, e a vida cultural, se faz sempre no presente.

O FIM DO (BREVE) SONO DO IRRACIONAL

> Devemos dizer sempre o que estamos vendo. Acima de tudo,
> e isto é o mais difícil, devemos ver o que estamos vendo.
> (Charles Péguy, 1873-1914)

Por certo, nem tudo é um mar de rosas. E há desafios que não o são apenas para um segmento dos intelectuais que durante longo tempo operaram com *ideias feitas* demasiado velhas e que agora precisam olhar o mundo de frente e de olhos abertos, não com olhos *wide shut*. Um desses desafios atinge o coração mesmo da prática cultural, sua estrutura central, e é um dos traços mais marcantes da nova cultura do século 21 — e aqui entramos no campo do patrimônio imaterial, do *software* que preenche vários dos meios e modos do *hardware* disponível: o enfraquecimento ou o desaparecimento gradual dos ideais do Iluminismo, formulados ao longo do século 18, postos em prática pela Revolução Americana, em seguida reafirmados na Revolução Francesa e que nos legaram a separação do governo entre os três poderes e, acima de tudo, o afastamento entre o Estado e a religião, entre arte e religião, entre arte e moral, entre moral e religião, ao lado da defesa firme da liberdade e dos demais direitos humanos. Se o 11 de setembro de 2001 foi um marco do terrorismo global na esfera política, o 7 de janeiro de 2015, dia da ignomínia que foi o assassinato em massa da redação de *Charlie Hebdo* em Paris, complementado pela morte de um policial obscenamente abatido na rua e, em seguida, por mais mortes abjetas num supermercado judeu, assinala simbolicamente a data em que o retorno da *questão religiosa* volta, sanguinolenta e definitivamente, à cena. A religião já havia subido antes, outra vez, à cena, por certo; agora, tem um novo retorno, também ela *with a vengeance*. Não é mais apenas a religião, é a *religião com violência*, a religião como violência, a violência como religião. A Idade Média, o pré-moderno, ressuscita de golpe no cenário da cultura ocidental e o choque de civilizações não pode mais ser tão facilmente ignorado como fez a universidade politicamente correta com a tese de Samuel Huttington, discutível porém não negligenciável, publicada premonitoriamente antes da virada do milênio, há anos suficientes, vinte agora, para ser lida com mais atenção.[1] Do mesmo modo, não há mais como ignorar os limites de um dos princípios basilares do estado de direito e da liberdade, o da tolerância. Reler Karl Popper será necessário, ele e sua observação de que "em momentos de desafios violentos, a norma geral da civilidade pode precisar ser amparada por um excepcional ato de incivilidade",[2] proposição forte, extremamente delicada, que pede porém uma reflexão séria. A ressurreição da violência de cunho ou pretexto religioso será talvez, no momento, o mais forte desafio às crenças e práticas culturais tolerantes ditas ocidentais (este descritivo geográfico-cultural necessariamente emerge aqui, agora, por mais impreciso que seja). E acarreta imperiosamente uma mudança de fundo na crença iluminista. É que os exemplos de intolerância multiplicam-se. No Brasil, pelo menos um setor da Igreja evangélica, em fortíssima expansão e que até há pouco se interessava apenas, além da pregação de sua moral, por ganhar dinheiro e acumular bens materiais, como a compra de canais de televisão

---

1 *The Clash of Civilizations*, 1996.
2 Em *The Open Society and its Enemies*, escrito durante a Segunda Guerra Mundial e publicado em 1945, Karl Popper escrevia: "A tolerância ilimitada leva necessariamente ao desaparecimento da tolerância. Se formos ilimitadamente tolerantes até mesmo com os intolerantes, se não estivermos preparados para defender a sociedade tolerante contra o massacre praticado pelos intolerantes, o tolerante será destruído e, com ele, a tolerância. Com esta formulação não estou querendo dizer, por exemplo, que deveríamos sempre suprimir a expressão de filosofias intolerantes; na medida em que pudermos opormo-nos a elas com argumentos racionais e mantê-las em xeque por meio da opinião pública, suprimi-las seria certamente um equívoco. Mas deveríamos afirmar o *direito* de suprimi-las, se necessário pela força, pois pode muito bem ser que elas não estejam preparadas para dialogar conosco por meio de argumentos racionais e prefiram denunciar desde logo todo tipo de argumento; ou proibir seus seguidores de prestar atenção nos argumentos racionais, por serem ilusórios, e ensiná-los a responder aos argumentos com a força dos punhos ou das armas. Portanto deveríamos afirmar, em nome da tolerância, o direito de não tolerar o intolerante. Deveríamos afirmar que todo movimento que pregue a intolerância coloca-se a si mesmo fora da lei e deveríamos considerar como criminosas a incitação à intolerância e as perseguições em seu nome, do mesmo modo como consideramos criminosas as incitações ao assassinato, ao rapto, ao ressurgimento do tráfico de escravos". Estas palavras, premonitórias, já válidas à época do nazismo e escritas tendo em vista as atrocidades cometidas pelos dois grandes totalitarismos da época, o nazismo e o comunismo, são hoje, 2015, ainda mais apropriadas.

graças a recursos obtidos em espetáculos de arrecadação maciça de dinheiro realizados em estádios de futebol, começa a ter suas *milícias*, denominadas Gladiadores do Altar, em tudo assemelhadas a tropas paramilitares, compostas por jovens uniformizados de preto que se reúnem nos mesmos locais de culto e, braços esticados para a frente, saúdam o pastor declarando-se "prontos para a batalha". Qualquer semelhança com a SS nazista, a Schutzstaffel, literalmente unidade de defesa, organização dentro do partido nazista que servia como guarda pessoal de Hitler (em seguida encarregada do trabalho mais sujo possível nos campos de concentração e outros lugares), não é mera coincidência. Um parlamentar brasileiro perguntou, da tribuna da Câmara Legislativa e sem motivar maiores reações de apoio ou repúdio de seus colegas, quando esses Gladiadores "começarão a executar infiéis [no até aqui pacífico Brasil, como diz a lenda do "homem cordial", sem muito fundamento] e a empurrar homossexuais do alto das torres como faz o fundamentalismo islâmico no Oriente Médio?".[3] De um lado, o *entertainment* e o design, quer dizer, o presente e o futuro; de outro, a religião, mesmo que como pretexto, em sua forma de um passado mais duro e remoto, milenar, com todas as sombras que arrasta consigo. O Iluminismo, como expressão da tolerância, parece no mínimo, temporariamente, posto em xeque — ele e não seu oposto, como propunha Popper —, sem saber como reagir e agindo como a avestruz da piada. As utopias da fraternidade e da igualdade, que já eram utopias, agora recebem, nesse compartimento sombrio dos sonhos e delírios da humanidade, a companhia da liberdade, para a qual as pessoas não parecem mais atentar a não ser em situações radicais como a da passeata em Paris após o crime contra *Charlie Hebdo* — e mesmo assim, não foi toda a população da França que acorreu ao evento. Que os jovens, inclusive de uma idade inédita de tão baixa, estejam sendo atraídos para o terrorismo é um fenômeno não explicado apenas pelo desemprego a esta altura estrutural das sociedades ocidentais, como insiste em dizer uma certa sociologia que ainda vê na economia a condição primeira e suficiente da vida humana. Há um vazio cultural em nossas sociedades, um buraco negro cultural, que

---

3 *Folha de S.Paulo*, 5 mar. 2015, p. A9.

suga os jovens para a contrautopia absoluta.⁴ A corrosão lenta, gradual e segura do espírito iluminista na sociedade ocidental tende a corromper todas as dimensões da vida cultural neste hemisfério. A resposta, se houver alguma, assim como é também hipotética a resposta para a crise do sistema ecológico, talvez possa vir sugerida nas ideias desenvolvidas por Isaiah Berlin em seu livro *The Hedgehog and the Fox*,⁵ no qual o autor medita sobre uma passagem atribuída ao poeta grego arcaico Archilochus. Nela, os escritores e os pensadores (de novo eles) dividem-se entre os que podem ser descritos como porcos-espinhos, que veem o mundo através das lentes de uma única ideia, e as raposas, que se alimentam de uma ampla variedade de experiências bem distantes da ideia única e exclusiva que explicaria e ordenaria o mundo, seja qual for. Em princípio sabemos, depois de 7 de janeiro de 2015 e do que aconteceu no Museu de Mosul, Iraque, em março de 2015, e na cidade de Nimrud, também no Iraque, no início de abril deste mesmo ano, com a destruição de imagens de inestimável valor simbólico e com mais de dois milênios de idade, quem são os porcos-espinhos, que se fecham sobre si mesmos e oferecem ao mundo apenas sua couraça pontiaguda. O Iluminismo representava a si mesmo como uma raposa. Era de fato? Se foi, poderá continuar a ser? Em que condições? Ou tende a transformar-se ele também no ouriço descrito por Archilochus? Não só uma questão de tender: terá de transformar-se em ouriço para sobreviver? Caso insista na tolerância ampla, aberta e irrestrita, terá de abdicar do que foi um dia considerado uma conquista civilizatória, a laicização do Estado e da sociedade pública? A resposta não é evidente, o que significa que o desafio é ainda maior.

---

4 O paradigma economicista que predominou ao longo do século 20 ainda hoje descarta, lembra Isaiah Berlin, o forte papel que a paixão pela autoimolação representa, nos assuntos humanos, papel por vezes mais forte que a socialidade e as normas do contrato social; o desejo da autoimolação ainda cria Exércitos e Estados. Isso Isaiah Berlin escreveu, em *The Hedgehog and the Fox*, numa época, 1953, em que o fenômeno dos jovens acorrendo em grande número para lutar e morrer pelas milícias islâmicas não existia — embora os pilotos japoneses kamikaze da Segunda Guerra Mundial não devam ter escapado à sua atenção. As pessoas, e os jovens mais ainda, são atraídas pelas diferentes versões do radicalismo graças ao sentido de compartilhamento de uma comunidade de ideias e objetivos que lhes é oferecido e confundem a pulsão pela autoimolação com altruísmo, quando de fato ela pode ser identificada com forma profunda de narcisismo. A alusão a um vazio cultural é aqui, portanto, metafórica. O vazio cultural, como alertou Michel Foucault, está sempre cheio de outras coisas; de todo modo, se há aqui um vazio cultural, ele é o dos valores do Iluminismo, que podem estar desatualizados mas não foram ainda substituídos por algo à altura.
5 Londres: Weidenfeld and Nicolson, 1953.

A herança iluminista, se ainda sobrevive, está neste momento fazendo de conta que o porco-espinho não existe, não quer admitir que está vendo o que está vendo. O assassinato da equipe de *Charlie Hebdo* forçou a subida à tona do ideário de um quadro já existente há tempos mas cuja manifestação o "politicamente correto" impediu políticos e intelectuais de ver. Dezesseis por cento dos franceses como um todo e 27% daqueles entre dezoito e 24 anos de idade declaram ter uma opinião "muito positiva" ou "positiva" dos terroristas do "Estado Islâmico".[6] Patrulhas de jovens radicais andam pelas ruas da França, e dos subúrbios "difíceis" de Paris, vigiando as mulheres para ver se usam saia ou têm comportamento "incorreto"; quando alunos de escolas públicas visitam, em grupo, monumentos históricos, guiados por seus professores, pais de alunos muçulmanos os proíbem de entrar nas catedrais e igrejas católicas (a advertência de Popper é, outra vez, singularmente pertinente). Há, na França, uma enorme "pressão religiosa", escreve Mark Lilla. Temas como evolução, educação sexual e a Shoah são proibidos nas escolas e o pai de um aluno disse a um professor de escola pública: "Eu o proíbo de mencionar o nome de Jesus diante de meu filho". Para o intolerante, nada de argumentos, nada de informação, só o dogma deve prevalecer. À época do Ramadan, com suas orientações alimentares próprias, alunos de fé muçulmana mais radical acossam os de mentalidade mais aberta e alguns destes foram encontrados em banheiros das escolas comendo às escondidas; um tentou o suicídio. Na Noruega, em 16 de agosto de 2014, o maior tabloide do país publicou entrevista com o líder de um grupo extremista islâmico intitulado "A comunidade do profeta". Esse assim chamado "guia espiritual", de 29 anos de idade à ocasião, filho de imigrantes paquistaneses bem-sucedidos, declarou na entrevista seu total apoio ao "Estado Islâmico" e seu desejo de que a Noruega seja governada pela lei da sharia. Sem ser em momento algum contrariado pelo jornalista que o entrevistava, o líder islâmico defendeu a decapitação dos "infiéis": "A decapitação não é tortura, as pessoas morrem instantaneamente", justificou. A cena poderia ser considerada como simples desvario ou piada de mau gosto, talvez meramente uma provocação, se três dias depois, em 19 de agosto, o "Estado Islâmico" não anunciasse a decapitação do jornalista

6 Mark Lilla, "France on Fire", *The New York Review of Books*, 5 mar. 2015, p. 16.

norte-americano James Foley.[7] A Noruega já havia conhecido três anos antes, em 22 de julho de 2011, a violência de extrema direita praticada por um norueguês de nascimento contra 77 pessoas num atentado em tudo semelhante àqueles postos em prática pelos radicais islâmicos. Nunca foi tão claro como agora que o valor mais fraco expulsa de cena o mais forte. E nunca foram tão cabíveis os alertas de Karl Popper em defesa da sociedade aberta. De um modo ou de outro, a dinâmica cultural contemporânea inclui, em alguma medida considerável, a intolerância e o desrespeito à liberdade de opinião — e a política cultural está sendo convocada a decidir como enfrentar a questão, algo que não tem sabido fazer até o momento.

Os políticos, no entanto, a começar pelo próprio presidente da França nos momentos seguintes ao assassinato da redação de *Charlie Hebdo*, insistem em não ver o que estão vendo e, cedendo às regras do atual jogo politicamente correto, querem ver uma separação entre os integristas e os adeptos "comuns" do islamismo deixando de destacar que o problema é a presença cultural e política da religião nos assuntos leigos do país. Um dos maiores legados do Iluminismo foi a laicidade, que significa liberdade de crença religiosa na sociedade mas, ao mesmo tempo, estrita neutralidade do Estado diante de todas as crenças, o que exige, entre outras coisas, que na escola pública professores e alunos deixem do lado de fora das salas de aula suas ideias e práticas religiosas.[8] O Estado está fechando os olhos para as violências religiosas praticadas em seu próprio coração, que é o ensino leigo, pedra de toque da sociedade moderna e, mais ainda, historicamente, da França. A laicidade não traz como consequência a tolerância, ao contrário do que se pensava. O Estado francês herdeiro do Iluminismo e do republicanismo tem, ou tinha, um traço fortemente nacional e, como tal, mostrava-se avesso a influências externas como a do catolicismo de Roma, do comunismo internacional, dos próprios Estados Unidos, da economia globalizada que destrói seu Estado de bem-estar social e, também, agora, do islamismo. O Estado francês não é avesso, por herança, ao terrorismo fun-

---

[7] Hugh Eakin, "Norway: The Two Faces of Extremism", *The New York Review of Books*, 5 mar. 2015, p. 55.
[8] Essa neutralidade ainda é fantasia no Brasil, país onde câmaras legislativas, tribunais de justiça e delegacias exibem crucifixos na parede, para ficar com apenas um tipo de exemplo.

damentalista, apenas: ele é avesso à presença pública da religião. Adotar uma política de panos quentes, de não ver o que se está vendo, talvez seja o que se espera de um político comum. Mas não da França. E certamente não é o que se espera dos intelectuais, menos ainda na França. No entanto, parece que a França, com a exceção honrosa do editorial do próprio *Charlie Hebdo* publicado no primeiro número do jornal após os assassinatos, em 14 de janeiro de 2015, e com a exceção, entre outros, do cartunista espanhol El Roto,[9] esqueceu a recomendação de um de seus próprios defensores, o poeta e ensaísta Charles Péguy. O porco-espinho pode expulsar a raposa de cena se programas de promoção, para os jovens, dos ideais republicanos, laicos e iluministas, que a França afirma agora procurar implementar, fracassarem.

[9] Cf. Anexo 3.

UM CÉREBRO NA MÃO E UMA CONEXÃO AUSENTE

Aqui estamos então com um novo cérebro na mão — e numa situação em que o cérebro dentro da cabeça nem sempre sabe o que o cérebro na mão está pensando ou "vendo" e considerando: a conexão entre um e outro ainda não se fez. Algumas das mudanças e desafios aqui apontados estão ligados diretamente aos novos meios "duros" (o patrimônio material, o hardware) criados pela tecnologia recente. A tecnologia muda a cultura, reconheceu Marx — e não raro o faz mais do que qualquer cartilha política, a menos que essa cartilha tenha ditado o desenvolvimento dos novos meios, o que quase nunca é o caso e certamente não o caso atual.[1] Os novos meios técnicos são entregues *vazios* ou *neutros* de conteúdo a seus usuários, que deles se servem segundo suas tendências de comportamento, verdadeiro conteúdo desses meios — e uma boa parte desse conteúdo está sendo preenchido pelos porcos-espinhos, num movimento conservador, ou reacionário, de intensidade inédita. Uma política de intervenção sobre esses meios originariamente vazios tem sido desenvolvida por enquanto de modo predominante negativo, através da censura, da retirada de sites do ar ou da interdição de acessar sites com conteúdo de incitação à violência e ao assassinato, no chamado Ocidente, assim como fazem China, Irã, Cuba com o banimento de tudo que não se conforma à ideologia domi-

[1] Conflitos militares, como a derrota de Napoleão em Waterloo, cujo bicentenário é comemorado neste ano de 2015, mudam o mundo, como o fazem ideias políticas. Nas Humanidades, porém, com frequência se esquece que as inovações tecnológicas também geram mudanças tão ou mais profundas. E várias, mais duradouras.

nante. Em várias situações não se trata mais de impedir que certas coisas sejam vistas ou feitas e ditas mas, pior censura, de *obrigar* a que se vejam, digam ou façam certas coisas, como nos piores tempos do nazismo.

As profundas mudanças culturais do século 21 não se limitam a esses fenômenos que, no entanto, as expressam bem. Como explicá-las a um viajante do tempo que caia entre nós aqui e agora, vindo não apenas de um tempo remoto mas de um tempo em tudo presente,? E para os outros, para nós mesmos, como explicar de modo satisfatório o que é, como *emblema* (portanto redução) de um contexto cultural mais amplo, um smartphone ou, mais importante, *o que faz* um smartphone no seio desta cultura, o que faz um smartphone *em nosso cérebro* no meio desta cultura, o que permite fazer e o que permitiria ou permitirá fazer, como design ou desígnio, caso consigamos utilizá-lo em mais do que os 10% de seu potencial que, por coincidência, são os mesmos misteriosos 10% de nossos cérebros que dizem que usamos, como se vê em *Lucy*, o filme de Luc Besson de 2014 com essa atriz de apropriado encanto ambíguo que é Scarlett Johansson? O ecossistema do feudalismo, com suas amplas zonas de mistério sombrio e opressor, era, parece de repente, mais facilmente acessível à cultura da época, embora pouco amigável ou *friendly*; o ecossistema atual, apesar de na aparência mais *friendly*, é ainda largamente uma incógnita — não simplesmente por ser do presente e por não sermos capazes de entender o presente sem o recuo histórico permitido com exclusividade pelo futuro mas porque, e largamente, o ecossistema atual é um design permanente, com um potencial de realização sempre aberto, sempre sendo realizado e sempre deixando margem para novas realizações. Há algum tempo chamei essa cultura de flutuante: a cultura atual não é líquida e por vezes nada líquida, como no caso do fundamentalismo islâmico. Não ainda, em todo caso. Pode mesmo ser bem dura e resistente. Ela é, sim, flutuante. E a mensagem que nos passa hoje não propriamente entusiasma: se ela se tornou flutuante, foi em parte como consequência natural, digamos assim, de sua própria movimentação mais livre das amarras que conheceu ao longo de um passado não tão dilatado, no qual se inclui boa porção do século 20, e em parte como consequência de ataques que sofreu desde o interior de seu próprio campo[2] e dos campos cada vez mais conservadores que hoje a cercam por todos os lados e lhe estreitam os caminhos possíveis.[3] Se isto não soasse suspeitamente como uma pregação, diria que uma ação decisiva de reforço da dimensão cultural da vida humana é indispensável, hoje, quando o conservadorismo e o reacionarismo cultural parecem dar as cartas desimpedidamente. Isso implicaria rever o programa atual da política cultural que resolveu deixar de lado a prática do cânone dos "altos valores" e aderir à facilidade acrítica de um multiculturalismo (inter ou intracultural) em nome da diversidade.[4]

No início salientei que seria conveniente, ademais de prudente, não ter por orientação as tradicionais demandas ético-políticas, seguindo o exemplo de Luhmann, e deixar de lado representações do mundo baseadas na ideia de estratificação (opressores e oprimidos, governadores e governados, Estado e mercado, capital e trabalho, intelectuais e manuais, elite e povo, cultura alta ou *highbrow* e cultura baixa ou *lowbrow*) e, em vez disso, explorar as diferenças e proximidades funcionais dentro de um sistema e entre os diferentes sistemas. Ignorou-se o sistema da religião e ele retorna *with a vengeance*, no sentido mais literal do termo. Estando certo, Marx estava equivocado: a religião não é o ópio do povo, como se o povo fosse um estrato inferior ao qual se forneceria um ópio produzido por um estrato superior interessado em tudo controlar (embora sem dúvida pegue carona no processo); mas a religião é, fica claro, um poderoso motor e véu com o qual o século 21 ocidental não mais sabe lidar. Ciência e arte compartilham princí-

---

[2] Nas universidades, por exemplo, que viram crescer dentro de seus próprios muros a contestação a vários de seus valores e cânones culturais, numa espécie de vanguarda do novo reacionarismo que hoje destrói fisicamente obras de arte e cultura representativas de um passado que se supunha comum; cf. Anexo 3.

[3] Como observa com justa razão Scott Timberg, em *Culture Crash: The Killing of the Creative Class* (New Haven, CT: Yale University Press, 2015), o jazzman Theolonius Monk, ou outra personalidade cultural, não mais apareceria hoje na capa de *Time Magazine* como em 1964: a cultura (a cultura leiga), não está *no foco*, hoje, e nem em foco — e isso apesar de ser a economia criativa um dos dois principais componentes do PIB americano.

[4] Os equipamentos culturais supostamente faltantes nos distritos de São Paulo, mencionados de início, só teriam sua construção justificada caso se destinassem a abrigar a cultura canônica a que alegadamente as pessoas não teriam acesso (concertos, peças teatrais, filmes), se é que a desejam. Há uma desconexão entre a defesa da diversidade cultural (o *software*) e a alegação de que faltam equipamentos culturais (*hardware*) que, neste momento da tecnologia, só se justificariam se dedicados exatamente àquilo que se diz querer evitar, isto é, as formas canônicas da cultura...

pios de modo muito mais intenso do que se costuma admitir, mesmo hoje. As relações pessoais e íntimas comunicam-se com as relações políticas mais do que se admite, assim como a casa e a rua, um tema caro ao destacado antropólogo brasileiro, Roberto DaMatta, não se excluem nem se sobrepõem: se explicam. O estudo do dinheiro, execrado pelos religiosos de diversos calados e extrações, inclusive pelos intelectuais leigos, tem mais a dizer sobre a cultura, a arte e a comunicação do que se admite. Esta argumentação é conhecida, ela aponta para a cultura social como um sistema complexo maior do que a soma de suas partes isoladas que, se de fato isoladas (pela sociologia, pela economia etc.), se reduzem e perdem significação. Como sempre. Mas nem por ser conhecida é ela aceita como norte. É muito difícil fazê-lo, se diz. De fato. Nem por ser difícil deixo de pessoalmente adotar o sistema da arte como referência e ponto focal irradiador. Costuma-se dizer que a cultura está no centro da sociedade e eu o digo também, contra os economistas e os intelectuais tradicionais que afirmaram, e erraram, ser a economia o centro de tudo. Nem tudo da cultura me interessa, porém: dela serve apenas a parte que tem na arte seu design. A cultura pode ser o centro da economia culturalmente criativa; mas a arte não precisa da adjetivação dupla fornecida pelos termos "culturalmente" e "criativa". Ela é o centro e a alma, ainda largamente recusados, do ecossistema do século 21. O desafio é integrá-la ali onde isso se faz necessário: à educação. E à vida cotidiana. E à vida religiosa... se isso for humanamente possível.

E ao lado da educação, uma área de meu interesse privilegiado: a política cultural. Essa é uma expressão sugestiva se entendida adequadamente: política cultural, ou aquilo que é próprio da cidade em termos de cultura. O que não é sugestivo é a ideia de que a arte é uma parte da cultura. A arte, e a arte do presente, a arte da contemporaneidade, a arte contemporânea, é de fato e em tudo o contrário da cultura, entre outras coisas porque a cultura é (ainda) adequada para os ecossistemas de um passado que sobreviveu até meados do século 20.[5] A cultura do ecossistema que deu origem à própria ideia de política cultural era aquela que ainda hoje

---

[5] Nem toda arte contemporânea, por certo. A arte de um Jeff Koons pende muito mais, se não totalmente, para o lado da cultura (e da cultura da arte) do que para o lado da arte.

se quer apresentar como a única existente e defensável, a cultura que protege o Estado, a cultura nacional e nacionalista (e isso apesar de Claudio Magris, escritor italiano vencedor do Prêmio Astúrias, já ter recordado há um bom tempo que as fronteiras sempre cobram seus tributos em sangue), a cultura que divide e isola porque partidária, a cultura patrimonialista e paternalista que olha sempre para o espelho retrovisor mesmo quando afirma olhar para a frente, a cultura das "tribos", a cultura religiosa. A essa cultura fechada, passadista e sufocante, o ecossistema do século 21 contrapõe a arte, talvez o antídoto à mão se não o único. E o problema é que, com toda evidência, uma política cultural não serve para a arte que, se precisar de uma política, precisa de uma política artística. A conclusão imediata é que não serve para a arte um *ministério* da arte. Nem a cultura deveria ter um ministério, a exemplo do que faz a Alemanha, para a qual a simples ideia de que o governo central deva se meter na cultura traz à tona imagens assustadoras de um passado recente e horroroso demais. Em todo caso, para a arte não interessa um ministério. A prática anglo-saxã do Arts Council é a mais sugestiva — um conselho das artes formado por quem faz arte e por aqueles aos quais a arte se dirige. A força do exemplo do sistema da arte pode ser um estimulante precioso para os outros sistemas, o da cultura e o da comunicação entre eles. Pode residir no sistema da arte o elo entre o cérebro na mão e o cérebro sobre os ombros, capaz eventualmente de evitar aquilo que Simmel chamava de *tragédia da cultura*: o descompasso entre a lógica interna do sujeito e a lógica própria do objeto cultural (a lógica do sistema de produção do objeto cultural). Se esse desajuste já era perceptível ao tempo de Simmel, é provável que tenda a crescer com o aumento incessante da quantidade de bens e produtos culturais hoje verificados. Caminhando numa direção mais otimista, e adaptando outra de suas proposições — uma que antecedeu a famosa *lição* de Roland Barthes sobre a linguagem que fala o homem ao invés de ser o homem que fala a linguagem —, é possível dizer que o sistema dos objetos culturais "imagina e pensa por nós",[6] quer dizer, recolhe os impulsos fragmentários de nosso próprio ser e os conduz a uma perfeição que não alcançariam por si sós. Esse, no entanto, não é um processo necessário e inevitável e é possí-

6 G. Simmel, *Sobre a aventura*. Barcelona: Ediciones Península, 2001.

vel que, assim como a linguagem, como poder natural estranho, falseia e mutila o que queremos expressar, também o *sistema dos objetos culturais* pode entrar por um caminho próprio sem nada ter em comum com o caminho do sujeito. O truque consiste em fazer essa conexão. A essa conexão dá-se o nome de *cultura*.

Conectados os pontos abordados nos cinco breves capítulos anteriores, que quase assumem a forma dos cinco atos da tragédia clássica sem que, no entanto, caiba dizer que a cultura de hoje é uma tragédia (ainda que a cultura contenha uma tragédia), o desenho resultante aponta para uma política cultural que, caso ainda se justifique como política pública, terá de centrar-se na questão dos valores (que inclui, entre outras coisas, a reavaliação do papel dos cânones, abandonados no pós-modernismo[7]) ou reconhecer que a cultura portátil de hoje, ao alcance da mão e com seu próprio cérebro individual para cada um de seus respectivos modos, alinhou a própria ideia da política cultural na estante das velharias culturais sem uso, como a missa nas igrejas católicas ocidentais: elas existem, porém são nada mais que simbólicas.

* * *

> *We'll be part of the future... and it works...*
> (Jens Maurer, produtor do filme *Arca russa*,[8] de Aleksandr Sokurov.)

Chegando ao final desta sumária exploração, uma questão que poderia ter sido levantada de início: os desafios desta cultura, da qual cabe dizer que é de fato uma nova cultura, dirigem-se *a quem*? *O que* está sendo desafiado? Desafiados são, de um lado, aqueles que, na perspectiva do passado, tentam entender o que, afinal, se passa; de outro, e do ponto de vista que tem me ocupado ao longo do tempo, desafiada é a política cultural — em

---

[7] A respeito, ver Harold Bloom, *The Western Canon: The Books and School of the Age* (Riverhead Books, 1994).
[8] "Seremos parte do futuro... e ele funciona..." *Arca russa* foi o primeiro filme da história do cinema rodado num único plano sequência, sem interrupção e sem cortes, ao longo de quase noventa minutos, feito técnico possível com a tecnologia de hoje e, sobretudo, um feito poético.

todo caso, a ideia de política cultural em vigor em muitos lugares e que vem diretamente do século 19. Os sujeitos da nova cultura, eles mesmos, aqueles que os defensores do contradiscurso tradicional descreveriam talvez, na velha tendência e de modo depreciativo, como *objetos* da nova cultural, ou sujeitos alienados, não se sentem de modo algum desafiados: eles estão dentro, estão *por dentro*, são parte desse presente e parte desse futuro, movem-se como peixes em seu elemento e seu único desafio é *ir mais longe* na mesma direção. Certamente desafiados são, ainda, os educadores, que em teoria encaixam-se na categoria anterior dos que querem entender o que acontece *e fazer algo a respeito*. Mas os usuários e consumidores dessa cultura, não, não são eles os desafiados. A política cultural sim, uma vez que a maioria de suas razões de ser foram anuladas pelas propostas da tecnologia atual da informação e da comunicação: os bens culturais não mais são escassos, sua distribuição é instantânea e largamente dispensam a existência dos "explicadores", outro rótulo para os intelectuais que marcaram a maior parte do século 20. Não há mais *"maîtres à penser"*, as teorias se esboroaram e deles e delas ninguém mais parece precisar: tudo pode ser elucidado com o cérebro de mão e seu ecossistema cultural compreensivo, que nem mesmo tolhe a inteligência emocional (pelo contrário) como fizeram vários outros sistemas antigos. Tampouco pode-se observar agora, a rigor, nos países desenvolvidos e nos medianamente desenvolvidos, a falta de equipamentos culturais; pelo contrário, há mesmo certo excesso ou, de algum modo, uma sobra que dispensaria a intervenção de uma política cultural.[9] A política cultural é um *dispositivo* como o entendia Michel Foucault,[10] um conjunto heterogêneo de discursos, instituições, regras, leis, medidas administrativas, enunciados científicos, proposições filosóficas, morais, filantrópicas, uma rede de relações que se arma entre todos esses elementos e outros, disparatados. E que se formou num dado momento para responder a uma *urgência*. No caso, a urgência que tinha o Estado moderno de defender a si mesmo tão logo surgiu, no final do século 18 e ao longo do 19, e, em seguida, a urgência das pessoas em defender-se

---

9 Mesmo a desigualdade na distribuição dos equipamentos culturais poderia ser considerada sob outra perspectiva. Ver, a respeito, *Der Kulturinfarkt*, op. cit..
10 *Dits et écrits*, v. III. Cf. também Giorgio Agamben, *Che cos'è un dispositivo* (Roma: Nottetempo, 2010).

contra a escassez dos bens e produtos culturais. O dispositivo tem portanto uma função sobretudo estratégica, não é uma certeza moral ou filosófica, não é transcendental. Sendo uma estratégia, é uma manipulação de relações de força, seja para orientar alguma coisa numa dada direção ou para bloquear algo indesejável ou, ainda, utilizar algo considerado interessante. O dispositivo está sempre ligado a um jogo de poder e limitado pelas fronteiras do conhecimento da época e do momento. Isso é a política cultural — o que significa que ela é cambiante, flutuante e sem muita coisa que a justifique em si mesma além das condições de momento. Esse dispositivo esgotou sua eficácia, encontrou seu ponto de saturação como prefere Michel Maffesoli:[11] está coagulado, algo novo é necessário para dissolver esse coágulo e esse novo tanto pode ser uma nova política cultural quanto alguma coisa que não é ela. Com um detalhe: se há excesso de bens e produtos culturais, há falta de valores ou, o que vem a ser o mesmo, excesso de valores. Mas esse não é um assunto apenas para a política cultural, que precisa abandonar o caráter utópico de que se revestiu ao longo de quase dois séculos (uma duração de vida bem razoável, considerando-se a vida média das ideias na modernidade). A utopia, em todo caso um modo da utopia, é um elemento ativo no processo de saturação e coagulação das ideias; livrar-se dela, ou adotar outro modo seu, seria um passo adiante. A questão agora é: Qual a urgência *de hoje*?

Há excesso de bens e produtos culturais de um lado e, de outro, falta de valores[12] ou excesso de valores, falta que resulta do excesso. Como o Estado, se não a sociedade, dificilmente concordará, porém, com um *"laissez-faire"*

[11] *Saturação*. São Paulo: Iluminuras/Observatório Itaú Cultural, 2010. Sem dúvida, os Estados vão continuar a usar a política cultural na tentativa de defender e impor suas identidades (não a das pessoas) mas isso não mais basta para justificar a existência de uma política cultural.
[12] Cf. Anexo 4. Esse anexo contém uma vinheta visual mas a questão vai além desses limites, por certo. Quais valores faltam? Walter Benjamin, anotando em 1934 ideias esparsas sobre a crise da arte em seu tempo, escreveu (em *Letteratura e strategie di critica, Frammenti I*. Milão: Mimesis, 2012) que o dadaísmo, revoltando-se contra a *ilusão*, pôs em destaque o *autêntico*. Uma leitura superficial de Benjamin diria que é surpreendente ter ele se ocupado com algo tão indefinido, e no fundo idealista, quanto a ideia do autêntico. O fato é que sua observação propõe, como tema de prática de laboratório, uma reflexão sobre a autenticidade como valor nos programas de política cultural. A política cultural alemã não hesita em afirmar, hoje, que seu farol, seu valor, é a *qualidade*, ideia contra a qual se faz a política cultural pós-moderna em muitos países, entre eles o Brasil. É bem provável, contudo, que a política cultural do século 21 tenha de defrontar-se uma vez mais com esse tipo de questão.

cultural, o desafio consiste, além da desutopialização da política cultural, em finalmente entender que os comportamentos são tão determinantes quanto os conteúdos (eles são os conteúdos); que o *entertainment* é parte integrante da cultura (e da arte) de hoje; que a religião retorna com intensidade redobrada e que a liberdade de expressão continua ameaçada hoje ainda mais que ontem. O maior desafio, de todo modo, será entender e aceitar que a arte é o design da cultura, o desejo, o desígnio e o projeto da cultura, e que a arte é parceira indissociável da tecnologia, como sempre foi, e da ciência, uma noção talvez ainda pouco difundida. Com ela, o futuro funcionará, como disse Jens Maurer, produtor do filme *Arca russa* — mas num mundo diferente, com alguns componentes a mais e outros, a menos. E, talvez, em um mundo mais humano, mais atento e mais justo na escolha de seus valores, como propôs Leonardo Sciascia.[13]

Teixeira Coelho
junho de 2015

---

13 Em *La scomparsa di Majorana*, livro sobre o desaparecimento do cientista italiano Ettore Majorana (Milão: Einaudi, 1975).

ANEXOS

ANEXO 1

A HUMANIDADE PREPARA-SE PARA SOBREVIVER À CIVILIZAÇÃO (WALTER BENJAMIN), PARTE I

A produção de bens e produtos culturais na perspectiva da economia política.

A produção de bens e produtos culturais (BPC) aumentou exponencialmente, em termos de unidades, com a introdução do *personal computer* do qual o smartphone é a versão radical. Qualquer pessoa pode hoje tirar (*produzir*) uma fotografia de qualquer coisa a qualquer hora e em seguida inseri-la no *circuito de distribuição* de imagens, quer a considere como um bem cultural (uma obra de arte) ou não, como um produto a ser vendido ou não. É hoje possível, por exemplo, fundar uma rádio baseada na internet e difundir música pelo sistema de assinatura ou gratuitamente ao mesmo tempo que se faz um apelo para que os ouvintes doem à rádio alguma indeterminada soma de dinheiro. Visto da perspectiva da economia política (riqueza gerada, empregos criados ou perdidos, coesão social ao redor do fato econômico) o quadro é menos alentador. O jornalista Scott Timberg lançou em 2015, pela Yale University Press, um e-book intitulado

Culture Crash: The Killing of the Creative Class, [*O desastre cultural: o massacre da classe criativa*] em que compila e analisa alguns resultados sociais e econômicos da nova mídia digital. Em 1982, digamos na pré-história da tecnologia digital, 1% dos músicos com maiores rendas nos Estados Unidos arrecadaram 26% das receitas dos shows; em 2003, com a tecnologia digital avançada, os mesmos 1% dos músicos conquistaram 56% da receita total, segundo o economista Alan Krueger, da Universidade de Princeton, citado por Timberg. Graças ao modo de difusão das novas mídias, a concentração de renda, como mostra Thomas Picketty, aumentou fortemente.

*em 1982, 1% dos músicos = 26% da receita
*em 2003, 1% dos músicos = 56% da receita

Não só a concentração da renda se intensificou, a redução das opções (ou do gosto) também: em 1986, 31 canções estiveram no topo das paradas de sucesso nos Estados Unidos, interpretadas ou compostas por 29 artistas diferentes. Entre 2008 e 2012, 66 canções chegaram ao primeiro lugar da parada — contudo quase a metade era de apenas seis intérpretes, entre eles Lady Gaga:

*em 1986, 31 canções em primeiro lugar, por 29 artistas diferentes
*entre 2008 e 2011, 66 canções em primeiro, por seis artistas diferentes
*dos 75 mil discos lançados no mundo em 2010, apenas mil venderam mais de 10 mil cópias
*em 2010, dez sites forneciam 31% do tráfego de internet; hoje, 75%

Concentração significa também redução de empregos disponíveis: pequenas livrarias fecham, livrarias médias e grandes vão à falência e o mesmo acontece com as lojas de disco, que em São Paulo, cidade com 15 milhões, foram reduzidas ao número de dedos de uma mão (em compensação, cresce a venda ilegal de produtos pirateados de música e vídeo). Nos Estados Unidos, registram-se:

*menos 25,6% de empregos em fotografia (com o subsequente
　　　aumento de vendas de imagens por empresas/bancos de imagem)
　　*menos 21% de empregos nas artes do espetáculo
　　*menos 45,3% de grupos musicais e artes conexas
　　*menos 35,9% empregos na indústria editorial (jornais, livros, revistas)[1]

　　Isso significa que os chamados "empregos de formação", períodos de aprendizagem remunerada, tendem a desaparecer, transformando os jovens num exército de mão de obra barata despedido ciclicamente assim que os salários correspondentes se elevam: os "velhos" são despedidos, jovens com menos experiência são contratados por um valor menor. O que se tem é a perenização da inexperiência, que se traduz, na indústria editorial por exemplo, em uma linguagem mais pobre e mínima capacidade de análise própria. Dito de outro modo, é o império do *press release*, com a produtora da obra dizendo por escrito ao jornalista o que tem de reproduzir a título de "apreciação" da obra.

　　Não só os velhos, porém, perdem o emprego: a narrativa feita por computador eliminará a curto prazo a maioria dos empregos na indústria editorial, sobretudo nos periódicos (mas não só neles). A Associated Press informa que, graças à plataforma Automated Insights' Wordsmith,[2] cria mais de 3 mil informes financeiros por trimestre sem a participação de qualquer jornalista.[3] A *Forbes* usa outra plataforma, Narrative Science's

---

1 Um informe recente do Observatorio de la Piratería y Hábitos de Consumo de Contenidos Digitales da Espanha estima que cerca de 87% dos conteúdos culturais on-line nesse país em 2014 foram consumidos de modo ilegal, configurando casos de pirataria. Em 2013 esse índice foi de 84%. Estados Unidos e Espanha configuram realidades diferentes mas os números podem ser válidos para ambos os países — a menos que a "ética digital" nos Estados Unidos seja maior, algo em que não vale a pena apostar. Na Espanha, em 2014 foram cerca de 4,5 bilhões de acessos ilegais a conteúdos culturais, representando um valor que se deixou de ganhar da ordem de 1,7 bilhão de euros, com os quais poderiam ter sido criados 29 mil empregos (num país com 23% da população desempregada neste ano de 2015). Se os índices forem corretos, e não devem estar distantes disso, *a pirataria é um dos grandes desafios do século 21*.
2 A firma Automated Insights criou a plataforma Wordsmith (artífice das palavras) que transforma pedaços isolados de informação em narrativas íntegras pelo processo de identificação de padrões de expressão, estabelecimento de correlação entre grupos de palavras e noções (insights) tal como um ser humano poderia fazer.
3 Shelley Podolny, *The New York Times*, 9 mar. 2015, edição eletrônica.

Quilt, para os mesmos fins.[4] O *Los Angeles Times* recorre ao algoritmo Quakebot[5] para analisar dados geológicos e escrever textos automatizados segundos após a ocorrência de um tremor de terra real. O fundador de Narrative Science, empresa líder no setor chamado de Big Data Storytelling, calcula que, por volta de 2020, 90% das notícias poderão ser geradas algoritmicamente quase sem intervenção humana. A era do robô-jornalista terá começado e computadores escreverão de programas de governo a resenhas de jogos de futebol, passando pela crítica de filmes. Impensável, pelo menos neste último caso? Programas de governo não significam nada, pelo menos em países subdesenvolvidos como o Brasil, e que sejam escritos por robôs não surpreende ninguém. Mas negar desde logo que uma crítica de cinema possa ser escrita por uma máquina pode ser sinal apenas de apego a velhas ideias feitas... Um professor de administração da escola francesa Insead, Philip M. Parker, patenteou um algoritmo que já escreveu, segundo ele, 1 milhão de livros, dos quais 100 mil estão disponíveis na Amazon. Detalhe: é praticamente impossível diferenciar o texto produzido por seu algoritmo daquele escrito por uma pessoa (pelo menos num nível mediano de literatura) — o que demonstra antes de mais nada a codificação galopante das formas linguísticas, cada vez mais padronizadas.[6] Se a linguagem era o que distinguia os homens dos animas e das máquinas, já não é mais. E um outro algoritmo, desenvolvido pelo Laboratório de Inteligência Artificial e Arte da Universidade Rutgers, Estados Unidos, parece capaz de identificar mais de 2.600 dimensões de uma pintura, como estilo, gênero (paisagem, retrato ou outro), uso da luz, cor e traço, e dizer quais as

---

4 Expressivo, esse recurso à palavra *quilt*, espécie de colcha que resulta da costura de diferentes pedaços e camadas de tecido (habitualmente formando diferentes tipos de figuras na superfície exterior). Um texto escrito por um escritor humano (teremos cada vez mais de recorrer ao uso do descritivo "humano" após um substantivo qualquer) pressupõe um processo de elaboração não muito diferente, embora levado a cabo por uma consciência unitária que tudo integra no próprio ato de escrever e dá forma às ideias apenas nessa performance. A composição de uma narrativa pelo recurso ao *quilt* digital é bem diferente, em princípio. Somente o teste de Turing poderia, talvez, dizer qual foi escrita por um humano e qual, pela máquina...
5 Esse "bot" é a gíria atual em inglês para robô.
6 Padronização ainda mais evidente na própria língua francesa, que impõe a adultos e crianças uma mesma estrutura, uma mesma sintaxe. O que pode ser sinal de grau elevado e homogêneo de instrução escolar não deixa de ser fator de tediosa ausência de variação. E de inovação.

obras "mais originais", portanto aquelas que seriam as mais valiosas: o crítico de arte, não só o de cinema, estaria com seus dias contados.[7]

De outro lado, a autoprodução, ou produção sem intermediários (*auto-publishing*), surge como nova possibilidade editorial: autores de livros, compositores e músicos não precisariam mais de uma editora que os lance, qualquer um pode fazer em casa um e-book e pô-lo à venda como de início fez E. L. Jones com seu extraordinariamente famoso *Cinquenta tons de cinza*. Os *apocalípticos*, para lembrar Umberto Eco, dizem que isso é uma ilusão, loteria que premia uns poucos entre milhares. Pode ser. Mas os *integrados* poderiam responder que por agora a porta está pelo menos entreaberta...

[7] "El Cristo de Goya, el cuadro más original para las máquinas", *El País*, 19 jun. 2015.

ANEXO 2

A HUMANIDADE PREPARA-SE PARA SOBREVIVER À CIVILIZAÇÃO (WALTER BENJAMIN), PARTE II

O universo do *lowbrow* finalmente domina?

A partir dos dados coligidos no livro de Scott Timberg, *Culture Crash*, embora ele não o faça, pode-se indicar uma possível explicação para o fornecimento grátis de livros clássicos no formato Kindle pelas grandes distribuidoras como Amazon: é que o interesse pela literatura, pelos clássicos e pelas artes estaria hoje no nível do tapete. O índice desse desinteresse apareceria no fato de que das cem revistas mais vendidas nos Estados Unidos apenas duas dedicam-se à arte (esse me parece, na verdade, do ponto de vista do Brasil, um índice suficientemente animador para as artes...); e 80% dos críticos e repórteres de arte dos jornais perderam o emprego. Aqui é preciso introduzir uma correção na análise de Timberg: o interesse pelas artes como *fenômeno de comunicação* e de *comportamento de massa* nunca esteve tão alto, como atestam os números de frequentação do Louvre, com 10 milhões de visitantes por ano, e vários outros museus importantes (Tate Modern, MoMA, Metropolitan de Nova York, Centro Pompidou) ostentando números entre os 5 milhões e os 8 milhões anuais. O que pode estar em baixa é o interesse pela *informação sobre as artes*. Se houvesse uma estatística de venda de revistas de arte na década de 80 do século 20 é possível que nem mesmo duas estivessem entre as cem mais vendidas — e talvez nem existissem cem revistas merecedoras desse rótulo. Em diversas cidades do mundo, como Nova York e Berlim, existem hoje lojas especializadas na venda de revistas de arte, literatura, cultura, fotografia e cinema. A sobrevivência média dessas livrarias é incerta e talvez siga a mesma tendência das livrarias comuns (uma das últimas livrarias tradicionais de Paris, La Hune, no coração do (outrora) intelectualizado Quartier Latin, fechou definitivamente suas portas neste mesmo ano de 2015 em que este texto é escrito por um autor humano). Uma conclusão que se pode tirar é que, pelo menos temporariamente, a informação sobre arte passa pelo mesmo processo de concentração: poucos se informam muito.[1]

Uma miscigenação de estilemas está acontecendo, ao mesmo tempo. Estilemas da alta cultural, da cultura *highbrow*, aparecem nos produtos da *midbrow* e da *lowbrow*. Exemplo eloquente é o filme *Birdman*, do mexicano radicado nos Estados Unidos Alejandro Gonzáles Iñarritu (que com toda evidência não teria feito o mesmo filme fora do sistema americano de produção). Seguindo os passos algo mais sofisticados de Alfred Hitchcock, em *The Rope*, filme em um único aparente plano sequência,[2] e de Aleksandr Sokurov, este sim decididamente *highbrow*, em *Arca russa*, primeiro filme a ser de fato rodado em um único plano sequência graças à nova tecnologia digital, Iñarritu faz um "filme-cabeça", intelectualizado, com todos os ícones do cinema *lowbrow* feito de super-heróis, Nova York, filmes-catástrofe e truques do gênero. Um perfeito *quilt*. Se a mescla de estilemas continuar nessa dinâmica, o nível cultural geral se elevará, aos poucos? Ou tenderá a abaixar ainda mais?

---

[1] A informação em geral tem menor consumo hoje nas fontes tradicionais (jornal, revista, livro impressos), sem que fique claro qual a compensação que os novos meios digitais oferecem. Em 1984, relata *Culture Crash*, os jornais nos Estados Unidos vendiam 68,3 milhões de exemplares. Entre aquele ano e 2003, a população do país cresceu em 83 milhões de pessoas mas o número de exemplares de jornais nunca chegou outra vez ao número de vendas de vinte anos antes. E desde 2000, informa Timberg, 80% dos jornalistas e críticos de arte dos veículos impressos foram demitidos de suas funções — ao estilo americano, recebendo o comunicado de desligamento pela manhã e tendo de desocupar o espaço até as cinco horas da tarde do mesmo dia. Num estalar dos dedos, uma vida desaba. Sem aviso prévio. Esta é a Era da Incerteza. E do Risco. Como ou pior do que na Idade Média.
[2] "Aparente" porque na verdade a tecnologia da época não permitia a filmagem de um plano sequência de mais de oito minutos de duração; passagens bem engendradas davam ao espectador a ilusão de um único plano sequência ao longo de todo o filme.

ANEXO 3

A HUMANIDADE PREPARA-SE PARA SOBREVIVER À CIVILIZAÇÃO (WALTER BENJAMIN), PARTE III

O cartoon abaixo é de autoria de El Roto, colaborador diário do jornal espanhol *El País* e um dos mais importantes filósofos europeus contemporâneos disfarçado de desenhista de vinhetas.

"Parecia que íamos rumo ao multiculturalismo mas acabamos na barbárie variada."

© El Roto / Ediciones El País, SL 2015.

ANEXO 4
CONCEITOS ESTRUTURADORES DESTE TEXTO

Principais conceitos que estruturam este texto ou dele resultam:

Acúmulo cultural, exemplificado nas possibilidades do smartphone como primeiro e real computador pessoal, com suas múltiplas funções de texto, som e imagem e com a quantidade dificilmente calculável de dados culturais de toda natureza que oferece ao usuário. Este conceito de *acúmulo cultural* contrasta com o de *capital cultural*, que indica aquilo que está colocado à disposição do indivíduo e da sociedade e que é *efetivamente* usado como instrumento de interação com o mundo; não se sabe com clareza *o que* daquilo que subjaz no atual *acúmulo cultural* é de fato operacional e operacionalizável. O significado cultural de um bem ou produto cultural é uma função do grau de profundidade e de extensão com o qual ele é interiorizado por seu usuário, grau que determina, na proposição de Georg Simmel, quanto da cultura objetiva é subjetivada. Mesmo escrevendo numa época em que o mundo não podia sequer imaginar o que seria a cultura digital (ele morreu em 1918), Simmel já observava que era mais do que nunca possível falar do caráter de fetiche do produto cultural, o mesmo fetiche de que Karl Marx falava referindo-se aos objetos econômicos na era da produção de mercadorias. O sistema hoje produz bens ou produtos culturais quase com a lógica de uma *máquina solteira*, expressão usada pela primeira vez por Marcel Duchamp ao redor de 1913 para referir-se a sua obra intitulada *Le grand vitre* (posteriormente essa expressão foi associada a uma máquina descrita por Kafka em seu conto "A colônia penal" onde uma máquina inscrevia no corpo de um condenado, por meio de agulhas e até que ele morresse, os artigos do código penal por ele quebrados, com uma lógica própria inexorável). No entanto, a quantidade desses bens ou produtos não impediria que se revestissem desse caráter de fetiche, se levada em conta a indicação de Simmel. Ao contrário da máxima perenizada por Mies van der Rohe, agora *more is more*, mais é mais, mais é cada vez mais. Essa constatação está na base da argumentação dos autores de *Der Kulturinfark* (op. cit.) contra o continuado apoio estatal à cultura e à arte na Alemanha; esses autores vão mais longe e avançam a hipótese da necessidade de desutopializar a própria crença na cultura e na arte como motores de uma mudança na sociedade.

Utopia cultural, presente na política cultural sobretudo em seu aspecto e seu desígnio de responder à carência de bens culturais, carência hoje discutível, e de colocá-los à disposição do indivíduo e da sociedade como instrumentos de consecução da *felicidade*; a própria ideia de que a arte é um motor desse objetivo é hoje abertamente posta em questão, como já o foi no passado nazista e soviético.

Tempo cultural, entendido como marcador privilegiado do modo de uso ou consumo dos bens e produtos culturais, hoje largamente afetado pela nova tecnologia digital disponível, provocadora de uma diacronia da experiência cultural por parte dos grupos sociais, com profundas significações na dinâmica social ainda não adequadamente consideradas pela política cultural.

Autonomia cultural do indivíduo, agora em larga medida libertado das condições e condicionantes tradicionais do sistema de produção cultural em suas diversas fases (produção propriamente dita, distribuição, troca e uso ou consumo). A autonomia cultural é uma das mais significativas consequências das novas tecnologias que não são apenas de comunicação e informação mas, também, de produção da cultura; a política cultural tradicional sempre teve, alegadamente, esse objetivo, na verdade contrariado pela orientação maior dessa mesma política que consistia, ao mesmo tempo, em sujeitar o indivíduo aos interesses do Estado, numa quadratura do círculo que sempre se resolveu em favor do Estado e contra o indivíduo. A autonomia cultural diante do Estado e, em alguma parte considerável, do mercado, é agora possível, está ao alcance da mão, ao alcance do cérebro na mão. Essa autonomia não deve ser confundida com a *autonomia do sistema de produção cultural* (cf. nota 13, p. 22) em relação aos sujeitos da cultura e que pode hoje estar gerando novos bens e produtos sem uma real necessidade por parte de seus possíveis usuários, bens e produtos que não teriam verdadeiro significado cultural. O sistema de produção da arte já entrou numa fase de autonomia produtiva caracterizada pela quantidade crescente de obras ou "obras" sem real significado cultural mas dotadas de indisfarçável fetiche traduzido em valores econômicos estratosféricos e sem fundamento, como no caso do artista Jeff Koons.

Sistema dos objetos culturais, constituído pelo conjunto dos bens e produtos culturais que, resultantes da autonomia cada vez maior do sistema de produção cultural, entram numa dimensão própria com lógica interna distinta da lógica dos sujeitos culturais e seguem seu próprio caminho. Se por um lado esse processo pode levar a sua completude, ou perfeição, as tendências fragmentárias existentes no interior dos sujeitos, de um modo talvez impossível no interior do processo anímico desse sujeitos, de outra parte pode ocorrer uma bifurcação de destinos que configura aquilo a que Georg Simmel deu o nome de *tragédia da cultura* (cf. p. 55).

Cultura é a conexão entre a dinâmica própria dos objetos ditos culturais e a dos sujeitos de cultura. No caso contemporâneo, a conexão entre o cérebro na mão e o cérebro sobre os ombros (cf. p. 55).

Desregulamentação cultural, intimamente relacionado à *autonomia cultural dos usuários*, que provoca e da qual é consequência. Em síntese, aponta para a quebra de todos os protocolos que regiam os modos de uso e consumo da cultura, quer em relação aos espaços (o local onde a cultura se apresenta e é usada ou consumida; esse local não é mais o consagrado, o local é profanado, torna-se profano, cotidiano, pessoal), quer em relação ao tempo (tempos unificadores, como o horário das sessões de cinema, o da exibição de um episódio de série na TV, deixam de existir e são substituídos por outros de livre escolha do usuário ou consumidor). Os efeitos sociais dessa desregulamentação são fortes e descem fundo no imaginário cultural.

Valor cultural, que a teoria da cultura e a política cultural deixaram de lado nesse período denominado de pós-modernismo orientado pelas ideias de relativismo cultural e de multiculturalismo e que surge outra vez em cena, como por exemplo na difícil e incômoda perspectiva da *autenticidade*, conceito que a ciência ainda não consegue enfrentar e que a filosofia já explorou no passado mas com chaves inadequadas para a contemporaneidade. Walter Benjamin não hesitou em pensar que o dadaísmo optara pela busca da autenticidade contra a ilusão em vigor na arte anterior; embora ele não tenha desenvolvido essa hipótese, ela é mais um elemento a apontar para a necessidade de discutir essa ideia pelo menos em laboratório e verificar a possibilidade de sua aplicação. Outro valor cultural que se pôs de lado em virtude de sua evidente complexidade é o da qualidade, adotado pela Alemanha. Os estudos de cultura e de política cultural deixaram de lado, pelo menos desde o terço final do século 20, a discussão daquilo que deveria ser objeto de um programa de apoio cultural com recursos públicos. Um autor marxista ou pós-marxista como Georg Simmel, no sentido em que não renega as bases do pensamento marxiano sem contudo as aplicar mecanicamente, não hesita, contudo, em levantar questões sobre o que é "ser-culto" ou "estar-cultivado"; esse estado ou condição só é alcançado por um caminho que passa por realidades *espirituais* (não hesita em usar esse termo) *objetivas* (não hesita em servir-se tampouco deste). Essas realidades espirituais objetivas, por sua vez, somente seriam *valores culturais* se levassem a *alma* (não hesita nem mesmo diante dessa palavra) de si mesma para si mesma, ou desde aquilo que se pode descrever como seu estado natural até seu estado cultural; em *À la recherche du temps perdu* (*Du côté de chez Swann*), Proust narra como as sucessivas passagens lidas num livro davam à experiência uma espécie de espessura, de volume que parecia fazer crescer seu espírito. Nesse momento, é possível falar em *desenvolvimento cultural* e em *desenvolvimento humano*. Aplicado esse critério, um número claramente elevado de programas culturais apoiados por recursos públicos ou simplesmente considerados "culturais" não passariam de reiterações do estado natural das almas... Um duro debate entre o que dá espessura e volume ao espírito e o que é mero entretenimento espera pela política cultural no século 21.

TEIXEIRA COELHO é autor, entre outros, de *A cultura e seu contrário*, *Dicionário crítico de política cultural*, *Usos da cultura* (no prelo), e das narrativas *Niemeyer: um romance*, *História natural da ditadura*, *O homem que vive* e *Colosso*, todos por esta editora.

CADASTRO
ILUMINURAS

Para receber informações sobre nossos lançamentos e promoções, envie e-mail para:

cadastro@iluminuras.com.br

Este livro foi composto em *The serif* pela *Iluminuras* e terminou de ser impresso em setembro de 2015 nas oficinas da *Bartira Gráfica*, em São Bernardo do Campo, SP, em papel off-white 70g.